◇『劳模工匠进校园』行动读物◇

匠心童行

杭州市上城区劳模工匠协会 编

文化发展出版社
Cultural Development Press
·北京·

图书在版编目(CIP)数据

匠心童行 / 杭州市上城区劳模工匠协会编. — 北京 : 文化发展出版社, 2024. 9. — ISBN 978-7-5142-4420-5

Ⅰ. K820.855.4

中国国家版本馆CIP数据核字第202490WZ51号

匠心童行

杭州市上城区劳模工匠协会　编

出 版 人：宋　娜
责任编辑：周　蕾　　　　执行编辑：王雅文
责任印制：邓辉明　　　　责任校对：侯　娜
装帧设计：书道闻香
出版发行：文化发展出版社（北京市翠微路2号　邮编：100036）
网　　址：www.wenhuafazhan.com
经　　销：全国新华书店
印　　刷：杭州万星印务有限公司

开　　本：710mm×1000mm　1/16
字　　数：184千字
印　　张：13.25
版　　次：2024年9月第1版
印　　次：2024年9月第1次印刷

定　　价：56.00元
I S B N：978-7-5142-4420-5

◆如有印装质量问题，请电话联系：0571-85819102

序

春风护航，飞舟破浪。习近平总书记指出，劳模精神、劳动精神、工匠精神是以爱国主义为核心的民族精神和以改革创新为核心的时代精神的生动体现，是鼓舞全党全国各族人民风雨无阻、勇敢前进的强大精神动力。迈向新征程，扬帆再出发，亟待一大批具有工匠精神的劳动者挥洒汗水、奉献智慧。

干在实处，走在前列。在长期生产实践中，我们培育形成了“执着专注、精益求精、一丝不苟、追求卓越”的工匠精神。工匠精神是时代精神的生动体现，充分展现着劳动之美、精神之美、时代之美，折射着各行各业一线劳动者的精神风貌。新时代呼唤工匠精神，给技能人才提供更广阔的舞台。推崇工匠精神已成为社会共识。在新的历史起点上，大力弘扬劳模精神、劳动精神、工匠精神，唱响劳动光荣的主旋律，比以往任何时候都显得重要。用劳模、工匠引领社会风尚，将劳模精神、劳动精神、工匠精神深入学校的劳动教育当中，才能让广大学生真正地从这些劳模、工匠身上感知他们如何践行“三种精神”、如何为中国的创新注入“三种精神”；才能让广大师生体悟劳动精神，有效引导师生学习并践行爱岗敬业、争创一流、艰苦奋斗、勇于创新、淡泊名利、甘于奉献的劳模精神，崇尚劳动、热爱劳动、辛勤劳动、诚实劳动的劳动精神和执着专注、精益求精、一丝不苟、追求卓越的工匠精神。

用执着坚守来淬炼，用精益求精来凝聚。为进一步发挥广大劳模工匠以及各行各业先进人物的榜样引领作用，上城区劳模工匠协会决定联合多所学校实施“劳模工匠进校园”行动。本书以全国劳动模范、全国先进工作者及大国工匠等先进人物为采写对象，以图文相结合的方式进行呈现，让读者更加直观、全面地了解劳动模范的事迹。

“心有所信，方能行远。”学生在区劳模工匠协会及教师的带领下深入走进劳模工匠们的生活，开展面对面的采访，先后共与20位劳模对话青春，了解劳模工匠们的成长经历，以及追梦、筑梦的故事，意义深远。其一，可以让莘莘学子聆听劳模的奋斗史，观摩技能展示，感受精湛技艺，切身体会劳模工匠身上爱岗敬业的劳模精神，让劳动教育变得更生动、更形象。其二，有助于引导青少年学生学习劳模工匠“有理想、守信念”的精神，从劳模工匠的奋斗故事中锤炼思想品格、补足精神之钙，激发出孩子们坚韧不拔、奋进不止的精神，坚定努力学习和钻研技术的信心和决心。其三，劳模们用亲身经历讲述立足岗位、攻坚克难、在平凡岗位谱写奋斗人生的感人故事，通过言传身教激发学生的爱国情、强国志，让“劳动最光荣、劳动最崇高、劳动最伟大、劳动最美丽”的理念在校园生根发芽，从而形成尊重劳模、争当劳模的社会氛围。

“水不激不跃，人不激不奋。”面对面的采访对劳模工匠也有着激励作用。劳模既是一种荣誉，更是一份责任与担当，劳模工匠们通过讲好劳模故事，发挥劳动育人作用，把劳动创造美好未来的精神理念根植于青少年的心中，使劳模精神深入人心。这既是对劳模工匠用汗水浇灌收获、以实干笃定前行、靠本领贡献作为的肯定，也是砥砺劳模工匠持续提升新时代奋斗者的知识技能、强化新时代奋斗者的责任担当。

“劳模工匠进校园”行动让广大师生近距离接触劳模工匠，为同学们点燃“劳动创造幸福，实干成就伟业”的火种。大厦之成，非一木之材；大海之阔，非一流之归。实心干事，科学作为，上城区劳模工匠协会将继续发挥劳模工匠的示范引领作用，常态化开展“劳模工匠进校园”活动，让劳模精神、劳动精神、工匠精神持续为青少年成长注入力量。

杭州市劳模工匠协会会长

不用扬鞭自奋蹄

——杭州市采荷中学学子专访王荣栋

王荣栋，杭州娃哈哈集团有限公司铣床操作工。与铣床为伴，以车间为家，他扎根本职岗位，20多年如一日，如切如磋，如琢如磨，不断打磨自己的机床操作技能，从一名“铣工菜鸟”成为一名“铣工能手”。他所在的技术团队，曾在28天内拉起了一条白酒生产线，开创了业内新纪录，在平凡的岗位上做出了不平凡的贡献。他肯学肯干肯钻研，练就一身真本领，掌握一手好技术，从一名基层外来技术工人，成长为独当一面的技能大师，树立了新时代一线技术工人成长成才的典范，得到了领导和同事的一致认可。曾取得浙江省铣工比赛第一名，获评“上城工匠”“杭州工匠”“浙江省首席技师”，荣获“浙江省劳动模范”“浙江省‘百千万’高技能拔尖类人才”等称号，2020年当选为“全国劳动模范”。

创新当铣，精益求精

王荣栋，出生于浙江嵊州的一个贫困家庭，1995年来到杭州打工。起初，他在杭州之江石化装备有限公司学习铣工，通过勤奋学习和不断实践，逐渐掌握了师傅的技艺。2007年，他进入杭州娃哈哈集团精密机械制造有限公司工作，凭借扎实的铣工基础和刻苦钻研的精神，很快成为公司最大型设备的熟练操作者。

在之后的几年里，王荣栋的铣工技术不断提高，先后获得了浙江省职工职业技能大赛铣工赛冠军、第四届全国职工职业技能大赛铣工赛决赛资格等荣誉。他还参与了多个重点研发项目，如“卧式果奶装箱机”“机器人码垛工作站”等，为公司节约了大量生产成本。

王荣栋始终坚持质量至上的原则，将制作精准、工艺精湛视为本分。他带领团队在28天内拉起一条白酒生产线，在破解技术难题的同时保证产品质量。他参与的项目荣获多项科技进步奖，如中国轻工业联合会科技进步二等奖、中国乳制品工业协会创新二等奖等。

王荣栋不仅自身技艺高超，还积极传承技艺，带出了一批技术骨干。他的工作室先后培养出7名技师、25名高级工，为企业节约生产成本近1000万元。他本人也荣获了“全国劳动模范”“轻工业大国工匠”“浙江省首席技师”“浙江省‘百千万’高技能领军人物”等荣誉。

采荷中学小记者王茗璇回忆道：“起风的时候，有人自怨自艾，而有的人则懂得借机扬起风帆，驰骋于天地之间。”娃哈哈集团的铣工、全国著名工匠王荣栋师傅就是这样的一个人。

当年，王师傅才19岁，便来到杭州。他在自己平凡的岗位上，不懈努力，一干就是20多年。据王师傅说，他刚来杭州的时候，根本吃不饱饭。一个月80元的工资让他每天只能半饥半饱，平均下来，一天最多只能用一两块钱，最后根本剩不下什么。但他无心去想自己的未来，也可以说，他根本就没有时间去想。每天干完了活，就累倒了。最累的时候，他站着都能睡着。那时，他最大的困难是听不懂杭州话。他的师傅是个地地道道的杭州"土著"。为了克服这一困难，他只能找会说普通话和杭州话的工友做"翻译"。当然，他也帮着这些工友打扫卫生，边干边学。现在，他已经是半个杭州人了。他向同学们说着这些时，始终是笑着的，好像没日没夜的劳动，就是他的勋章。

一次，王师傅去山东参加哥哥的婚礼，无意间看到了自己做的机器。"我非常高兴啊！没想到能看到我(做)的机器！"王师傅这样说，让我们感受到他至今仍然为此感到十分自豪。

后来，他攒了些钱就去报班学习，为了赚钱养活家人，努力考上了高级工。隔了三年，他又报班学习，用他的话说："学习太重要了！"确实，有了知识才有底气，有了一定的知识储备才能继续吃这个行业的饭。再后来，他真正爱上了这个行业。铣工的行当对他来说，不再只是"能赚钱"，而是"生命的一部分"。劳动也是生命的一部分，或者说是生活的根本。在这次采访过程中，

王荣栋讲解

王师傅多次对同学们说："学习太重要了！"正是通过学习，有了专业知识，他才有了梦想和实现梦想的能力。与王师傅的对话，使同学们深深意识到劳动的重要、学习的重要。

同学们惊叹于他的言辞、他的见闻；惊叹于他的坚韧、他对"先苦后甜"的理解；惊叹于他竟能将艰苦的过去说得那么引以为傲，却只字不提自己全国劳模的荣誉。只是在同学们向他提问时，他才告诉我们，自己见到了习主席，"很激动，三个晚上都没睡着"。说着，他自顾自地笑起来。此时，坐在同学们面前的好像不是一位得过众多荣誉的劳模，而只是一位再质朴勤劳不过的普通一线工人。

"少年当有凌云志，不用扬鞭自奋蹄。"每一个不曾起舞的日子，都是对生命的辜负。我们的人生正是在一次次挫折和拼搏之后，才有了意义、有了价值、有了成功。

行动当先，工匠诠释

王师傅在既平凡又重要的工作岗位上，将工匠精神内化于心，28年来，他通过不断追求与创新，终由一名基层技术工人成长为精益求精的技能大师。他曾取得浙江省铣工比赛第一名，先后获评"上城工匠""杭州工匠""浙江省首席技师"，荣获"浙江省劳动模范""浙江省'百千万'高技能拔尖类人才"，并于2020年被评为"全国劳动模范"。他坚持质量至上的原则，将制作精准、工艺精湛视为本分，并练就靠肉眼观察将误差控制在0.05毫米以内的本领，堪比机器操作精度。他熟练掌握传统机械铣床的各项操作技能，同时与时俱进，学习先进的数控知识，运用编程来进一步提高机床的工作精度和效率。

怀着崇敬的心，一早同学们就来到娃哈哈下沙乐维基地，跟着热情的王师傅走进工厂参观。厂房内整洁明亮，机器设备和各种零部件等摆放有序。王师傅为我们详细地介绍了自动装箱机技术。这些自动化机器在很大程度

王荣栋讲解

上减少了人工劳力，为装箱提供了便捷，也为公司节省不少生产成本。在讲解的全程中，他的脸上始终洋溢着自豪自信的笑容。

虽然有了机器自动加工，但在实际工作中，数控铣床只能解决一部分问题，传统机械铣床仍然具有不可替代的作用。因此，工作中的每一个细节，王师傅都会用尽全部精力去研究、去探索，正是因为他坚守了这份初心，才完成了从学徒菜鸟到杰出工匠的转变。

参观厂区后，王师傅带着我们来到他的办公室。这里也是“王荣栋铣工技能大师工作室”，满墙的荣誉和墙边桌上一摞已经快被翻烂的专业书打动了同学们。通过与王师傅的交谈，同学们了解了更多他的不易。

1995年，王师傅初中毕业从农村来到杭州做铣工学徒。在师傅的带领下，他在自己的岗位上倾注了全部的心血和精力。那时他常常吃住在工厂，累了就在机器边摆一张躺椅休息片刻，有时候累到站着都能睡着的程度。他持之以恒地进行科研，无论遇到什么困难和挑战，都会坚持不懈地追求下去。他舍弃休息时间，到书店看书自学，参加技工学校的继续教育。当感到枯燥乏力时，他就会努力自我调节，始终对自己的工作充满热情，对追求卓越有着坚定的信念。他用实际行动诠释了什么是责任与担当。

听王师傅说，他的师父是个技术扎实、严肃认真的杭州老师傅，他经常说："要么不做，要做就做好。"师傅的话一直坚定着王师傅工作的信念，做出的产品始终要经得起任何人的考验。匠心是细心，细微之处彰显着非凡的品质，王师傅注重每一个细节，努力优化每一个环节，以实现产品或服务的完美，并始终以一种敬业的精神对待工作，力求在岗位上做到最好。

王师傅还善于发现问题，勇于挑战传统，以创新的方式解决问题。这种创新精神推动着他不断前进，探索新的领域。在他看来，越是先进的技术，越离不开扎实的手工操作技能，这也是他与铣床相伴20多年的经验感悟。

王师傅朴实无华，是一个专注于工作岗位的基层工人。他用脚踏实地的精神，赢得了全社会的尊敬。他用自己的实际行动，不断地挑战自我极限，追求更加卓越的品质，并通过不断学习，提升自己的技能知识和操作能力。我们中学生也要培养这种工匠精神，认识到劳动的重要性，培养自己的耐心和恒心，在学习生活中，勇于面对困难和挑战。

卓越当显，热爱筑梦

家有梦，国有梦，人类有梦。每个人对未来的追求，合成时代的目标；每个人为追求而努力，推动时代的前进。当下飞速发展的中国，正迈着有力的脚步朝着中国梦的方向前行。这不禁让人思考，合成中国梦的无数个我们，每一个个人究竟是怎样在推动着时代的巨轮前行？

或许能回答这个问题的，只有像王荣栋师傅这样的典范工匠。

龙佩灵回忆，初次交流，是在采访前的一个电话。随着铃声的戛然而止，这位全国劳模的神秘感顿然消失，亲切的声音令人不再那么紧张。在谈笑中，转眼就看到王师傅微笑着向同学们走来，领着大家参观工厂。

"我19岁时就来到了杭州，"王师傅一边走，一边说，"刚开始工作时是很辛苦的。"因为听不懂杭州方言，王师傅无法跟从师傅学习，不得不求助本地的同事帮自己翻译，作为交换，他每天帮同事打扫工位卫生。那时刚开始工作，薪资很低，正值青年的王师傅常常吃不饱饭，于是他在报名加班的时候总是第一个举手，努力挣取加班费。“有时遇到一个大项目，在有限工期里，轮到我的工作时间往往没有那么多，最忙的时候，除了吃饭睡觉，就是工作。”那时候，王师傅累到站着就能睡着，像他自己所说的：“睁眼坐在工位上，闭眼睡在工位上。”

为了更好地工作，王师傅开始去学校学习。“那时我所在的班级，只有三个技工，两个高级技工，一个中级的，也就是我。”他白天工作，晚上学习。先是考过了中级，需要等三年才能报考高级技工，于是他边工作边学习，不断提升专业技能。

看着眼前的机器，同学们不禁想象着王师傅工作的困难。“那您是如何克服困难，在日夜工作中保持着工作热情的呢?”同学们问。

“有一次出门在外，在别处看到了自己做出来的产品。”王师傅讲述道，“当时我就很高兴，真的，像看到自己的孩子一样，一点也不夸张，非常激

王荣栋和学生合照

动。”讲到此处，王师傅笑了起来，提高了声音：“就像你们看到自己的文章刊发一样！”大家也一起笑起来。“一开始，工作是为了吃饱饭，但直到你真的融入工作，自然也就喜欢上了。”

“在初入娃哈哈时，我已经有了一定的技术。第一次帮助公司解决了一个技术问题，开会时，领导点名表扬了我，我的心里感到无比自豪。”作为一个扎根职岗20多年的工匠，王师傅也有“审美疲劳”，但他更懂得如何从单调的工作中找到乐趣。他说：“有时一直做一样的产品也会觉得厌烦，这时我就想想有什么其他的方法，比如做正方体，可以先做成球体，再做成正方体。”大家也跟着笑起来，他继续说，“不就是换了个角度吗？但这样既可以避免无聊，也可以学习更多制作方法。”

工作上的困难从未动摇过王师傅的决心，他最大的担心是“后继无人”。所以，他现在特别用心去教别人。看到徒弟获得市级荣誉，那种自豪感不亚于自己获得荣誉。不过，王师傅有时也觉得很沮丧。“可惜现在有的年轻人比较浮躁，心里瞧不起这份工作。我曾经有一个很有天赋的徒弟。”王师傅遗憾地说，“由于学徒的工资不足以支撑家庭开支，他就辞职去做装修了，可这是无法避免的。”

从一开始的工作是为解决温饱问题，到逐渐热爱这份工作，王师傅踏踏实实，心无旁骛，用自己的决心和责任心，坚守在这个平凡的岗位上，并由学徒成长为全国劳模杰出工匠。正是像王师傅这样潜心工作的一线劳动者，共同铸造着中国梦，让祖国变得更加强大，使人民的生活越来越富裕，因此，他们是平凡的劳动者，也是卓越的筑梦人！

“我觉得，不论是工作还是学习，最重要的是肯干的勇气和脚踏实地的精神。”王师傅在同学们临行时语重心长地说道。

中国工匠，令人骄傲的筑梦人。

追“光”而行，铸时代之刃

——杭州市天杭实验学校学子专访江华平

江华平，男，2022年杭州市劳模，浙江波普环境服务有限公司董事长。江华平深化企业创新布局，加强创新驱动顶层设计，在智慧环卫、垃圾分类、环境卫生等领域主持多个创新项目，切实解决城市治理难题，提升城市精细化、规范化、数字化管理水平。

“民生在勤，勤则不匮”，劳动二字贯穿华夏历史长河。眺望历史的长河，在每一个熠熠生辉的历史时刻，永远能看到值得歌颂的劳动精神。我们顺着先人的脚步，寻找劳动的意义。劳动是人类智慧思想的不老泉，是由历史经验与教训砌成的通天梯。从奴隶推翻奴隶主暴政开始，到无产阶级携手反抗资本剥削，人民开始用劳动改变历史、用劳动开拓未来，这一切便成为跨越时空的伟大精神。

江华平和一线环卫工人

回顾新中国历史，每一位劳动先驱的形象跃然纸上，化作我们的枕边故事，声声入耳。他们是劳动精神一个个鲜活的载体，是供后人学习、不断效仿的榜样。

柱石坚固，成于军魂铸造。有这样一个退役军人，退役不褪色，转业不转志，凭借军营锻造的钢铁意志和品质，把军魂深深融入公司的发展建设，把“艺术清洁，工匠精神”的核心理念，“标准化、专业化、数字化、智能化、人性化、精细化”的管理模式与军队文化有机融合，用初心和使命、用责任和担当，致力于城乡人居环境综合提升，诠释对美丽中国事业的热爱与坚守。他就是浙江波普环境服务有限公司创始人、董事长江华平。金秋十月，杭州市天杭实验学校的六名学生有幸采访了江华平先生。

追“光”而行

在这次采访活动中，我们与江华平老师近距离交流了很久，他和我们讲述了从入伍开始的人生经历。

1990年，江华平应征入伍，成为一名光荣的武警消防战士。身处消防工作的第一线，江华平深知基层工作，尤其是基层的消防工作要坚持从实际出发，向实效努力。作为一名党员干部，他曾在杭州市119调度指挥中心负责发现火情后的重要指挥工作。在日复一日的为人民服务中，他意识到，工作环境中处处都是为民奉献的“服务台”，处处都是党员干部磨砺自己、提升能力的“先锋岗”。在部队本着“平时刻苦练，战时少流血”的原则，他反复训练“二节拉梯、挂钩梯和阻火圈”等消防科目，在训练场上的一次次摸爬滚打，练就了其飞檐走壁的本领；在警灯闪鸣中的一次次赴汤蹈火，淬炼成了其铮铮铁骨。

江华平于1994年从武警杭州消防支队退役，作为退役军人创新创业的典型代表，他曾荣获“杭州市劳动模范”称号。他始终遵循“企业报国、回馈社会”的理念，立志打造一支有铁一般意志精神的“波普铁军”。因此，从公司成立之初到现在，始终践行“没有完成不了的任务、没有克服不了的困难、没有沟通不了的事情”的企业管理理念，把军人文化深深植入企业发展建设中。

江华平画像（绘：杭州弯湾托管中心一位爱画卡通人物的“猪猪女孩”——子怡）

正是凭着这样的军人本色和攻坚精神，浙江波普环境服务有限公司（以下简称“波普公司”）在创业路上披荆斩棘、勇往直前。

感受“光”，成为“光”

励精图治十五载，江华平引领的波普公司经历了筚路蓝缕、创业维艰的初创期，攻坚克难、锤炼打磨的成长期，改革创新、突破蝶变的腾飞期。风雨历程，记载了波普公司的逐步蜕变，见证了一批批“波普人”的铮铮铁骨，更展现了波普人信念坚定、奋斗不止的新时代精神。江华平老师讲述的十五年里的很多小故事，让我们久久不能忘怀。

1. 追“初心之光”而行，厚植人民至上的价值理念

基层工作之路上，党员干部时刻以为民初心烛照前行，在危急时刻毅然逆行，在群众需要的时候挺身而出、冲锋在前，用实际行动诠释“人民至上，生命至上”的价值理念。入伍第一年，在目睹一场场火灾后，江华平敏锐地意识到快速抵达现场是抢救人民生命财产的根本之道。为此，他利用休息时间跑遍了杭州的大街小巷，亲手绘出了一张消防车辆行驶捷径图。在定位导航技术还不普及的年代里，此图如同消防车的导航系统，大大缩短了奔赴火险现场的时间，受到武警杭州消防支队领导的高度评价。

杭州某地6635油库突发大火，随时都有爆炸的可能，现场情况万分危急，作为一名战斗员，江华平和队友承担了油库冷却任务，然而油库建设在山洞中，要进行冷却是难上加难，面对高温、浓烟、缺氧和随时爆炸的危险，他毫不退缩，在烈火中履行消防战士的使命和职责，经过长达20多个小时的奋战，他们圆满完成油罐冷却任务。

杭州市某造纸厂火灾、杭钢3号高炉火灾、民房倒塌、抗洪抢险救灾……在无数次的抗火救灾战斗中，江华平始终冲锋在前，救民于水火，助民于危难。由于表现出色，江华平光荣入党。

“江山就是人民，人民就是江山”，这句话蕴含的意义贯穿在百年党史

中，这种初心如磐的光辉闪耀在共产党人的接续奋斗里。江华平意识到，基层是为民服务的“最前沿”，也是攻坚克难的“第一线”。在攻坚克难时有冲劲、闯劲，向着群众对美好生活的向往奋力奔跑。

2. 追“奉献之光”而行，厚植爱岗敬业的价值理念

1994年，江华平从部队退役后，决定留杭创业，他先是涉足粮油贸易和广告领域。2007年，杭州市委、市政府提出将杭州打造成为“国内最清洁城市”，江华平敏锐地察觉到环卫市场化的发展趋势，很快自主创立浙江波普环境服务有限公司，正式进军环卫市场。

江华平始终认为，大到一个国家、一支军队，小到一个企业、一支团队，都必须用一种精神、一种魂魄来凝聚。因此，从公司成立之初，他就以“军魂”为统领，立志打造一支有铁一般的意志、铁一般的精神的“波普铁军”。

作为一名党员企业家，江华平深知在基层工作中，党员干部要树立起正确的事业观，为基层事业发展出计献策、发光发热，为事业的推动凝心聚力、功在不舍，立足岗位从点滴做起，把基础夯实，以奉献的情怀托举事业“向上的脚步”，投身全面建成社会主义现代化强国的伟大实践，责无旁贷地担当起应尽的职责使命。党员干部更要将奉献情怀熔铸于具体的岗位、具体的工作中，在“每一班岗”上都能全心全意、全力以赴，将个人的奋斗和基层的事业紧密相连，本着“功成必定有我”的执着和“功成不必在我”的精神境界推动事业迈上新台阶。

与此同时，江华平深知党建工作的重要性。为此，在公司成立之初，他就建立了党总支和工会，在各分子公司、项目部成立党支部，同时积极探索“党建+”模式，发展出“党建+安全生产”“党建+项目管理”“党建+军队文化”等模式，把党建工作和企业发展深度融合。

在他的推动下，党员人数从最初的10多人发展壮大到100多人。无论是作为一名党员、一名退役军人，还是一名企业领头人，在工作中他总是率先垂范，无论是新项目进场、各种急难险重问题处理，还是各项应急保障服务工作，他始终冲锋在一线。

江华平以“特别能吃苦、特别能战斗、特别能奉献”的“硬核”作风，带动着公司的广大员工奋力前行，也将“责任、执行、奉献、永不服输”的军人元素融入波普公司的企业核心理念中。

在江华平的带领下，波普公司打造了敢打、敢拼、能打硬战的“铁军”品牌，也以实际行动诠释了“艺术清洁，工匠精神”的企业内涵，在环卫战线上谱写着退役军人的崭新篇章，为“美丽中国”建设贡献自己的力量。

3. 追“斗争之光”而行，厚植愈挫愈勇的价值理念

回溯百年党史，无数民族先锋以忘我之姿投身斗争，在出生入死中建功立业，在融入实践的滚滚洪流中锻造出硬核的斗争本领。

军人的信念感和使命感早已深入江华平骨髓，无论身在何方，他都愿用自己的方式回报国家、回馈社会。

为了使社会力量与退役军人服务管理工作有机融合，江华平在波普公司成立杭州市首家企业“退役军人服务站”，推进退役军人服务保障体系建设，营造拥军崇军的良好风尚。

近年来，波普公司吸纳了140余名转业退伍军人精准就业。多数转退军人虽具有铁的意志品格和不怕吃苦的奉献精神，但大多缺少行业技能，对新岗位无法适应。

为了尽快提升他们的专业技能和管理知识，波普公司对他们进行快速锻打，把他们放到基层去锻炼，通过“名师带徒”一对一培养、“波普学院”系统性培训等方式，新人们在“波普军营”中淬炼成钢，在实战和理论中快速提升业务能力和水平，一批又一批实干型、专业型人才脱颖而出，一个个由行业小白蜕变成环卫专家，其中更有70余人走上了管理岗位。

江华平还陆续组建了以退役军人和党员为主体的“退役军人突击队”“应急保障先锋队”“抗疫服务先锋队”等队伍，在江华平的带领下，他们在防雪抗冻、防汛抗台、抗洪救灾、防疫抗疫、创城创卫等各类突击保障工作中挺身一线，有力推进城市环卫运营应急管理规范化建设，用自己的方式保障城市安全有序运行。

江华平和退役军人突击队合照

2016年G20峰会在杭州市隆重举行，波普公司受命担任核心区的环卫保障任务，这既是挑战，更是机遇。江华平亲自挂帅，精心筛选出政治可靠、业务过硬的退役军人和党员组成峰会“特别突击队”，并以此为契机，修正完善峰会环卫服务保障方案，率先确立了“以克论净、席地而坐”的环卫作业标杆，出色完成峰会环卫保障任务，向世界展现中国一流环卫新形象。峰会后公司不仅被评为峰会保障工作先进集体，也是唯一一家荣获“浙江省市容环境卫生先进集体”的民营企业。

从东到西，由南到北，无论是一线城市地标区域环卫精细化服务项目、农村环境综合整治PPP项目、生活垃圾和厨余垃圾处理一体化项目、城市整体市场化改革项目、城乡环卫一体化项目、“波普清道夫”再生资源回收体系建设，每个项目都活跃着“波普铁军”的身影，他们用实际行动在环卫行业中刻下浓墨重彩的一笔。

近几年，波普公司继续提升服务质量，将波普公司的高作业标准复制到浙江、陕西、山东、山西、广西等16个省的100多个县市区，实现了“进驻一个城市，树立一个标杆，打造一个精品”的目标。

让成功之花绽放

追梦前行十五载，成就行业领跑人。十五年来，上城区劳动模范江华平为自己创办的波普公司尽心竭力地工作着。如今，波普公司在江华平得力的带领下，在全国各大城市的清洁工作中发挥着重要作用，开出了无比绚烂的成功之花。

作为青少年的我们，心中燃着一把渴望成功的烈火。但是我们迷茫着、彷徨着：成功之花的种子究竟是什么呢？江老师用他的创业经历给了我们答案。

成功之花的种子是一副强健的身体。1991年，江老师成了一名光荣的军人。在部队中的锻炼让江老师有了强健的体魄。江老师告诉我们：“有了好的身体才有足够的动力把事情做好。”然而在许多青少年眼中，运动仿佛是一场“劫难”。每到体育课，同学们都叫苦连天。其实，运动带给我们的不只有身体上的疲劳，更多的是精神上的放松和继续前行的动力。当我们对书本感到疲倦时，锻炼是比咖啡和风油精更好的提神工具。我们拥有了强健的体魄，才可以更好地解决学习中的难题，一步一步向成功迈进。

成功之花的种子是对未来清晰的目标。创业之路是艰难的，创业者必须咬紧牙关，解决一个又一个棘手的问题，跨过一个又一个难关才可以取得成功。在这个过程中，无数的创业者选择了放弃，或者在追寻中迷失了方向。但江老师并没有。他通过对未来清晰的规划，一步一步达成目标，最终获得了今天的成就。江老师告诉我们，学生一定要有清晰且通过努力便能达成的目标。来自英国的一位心理学家曾做过一个实验：把一群孩子分成两组，他只告诉第一组孩子要跑到终点，而第二组孩子每跑一定的路程就告诉他们还剩多少米。最终，第一组孩子大多没有坚持到底，而第二组的孩子不仅全部跑到了终点，并且个个精力充沛。现在的我们总觉得前路迷茫，倘若我们也制定阶段目标，再一一完成，未来的蓝图便会清晰地展现在我们眼前，最后，我们终会见到胜利的曙光！

成功之花的种子是坚持不懈的责任感。江老师是一位外地人，初到杭州的他负责处理来自全杭州的火警电话，他要清楚地知道全杭州的大街小巷，以便更好地布置出警任务。这对初来乍到的江老师是一个极大的挑战。但责任感和使命感驱使江老师以最快的速度乐此不疲地走遍了杭州的大街小巷，以最快的速度熟悉了杭州城，圆满地完成了各种任务。作为学生的我们也要有这么一份极强的责任感：我们要对自己的行为负责、对自己的学习负责，并为之付出努力。有了这份责任感，我们才会一步一步走向成功。

成功之花的种子是乐观豁达、积极向上的心态。我们总在思考：面对生活中大大小小的逆境，我们当何去何从？江老师自豪地告诉我们："因困难而放弃不是对逆境的最优解，我们要做一个勇于克服困难的勇者。"有了这种积极的心态，江老师克服了一个又一个的问题，带领波普公司坚持不懈地奋斗，走在了行业尖端。这时我想到语文课本里的苏轼，一生五次被贬，却依旧为世人留下了"日啖荔枝三百颗，不辞长作岭南人""但少闲人如吾两人者耳"的千古名句。我们在学生生涯中也会遇到许多的困难，然而我们要拥有这种乐观积极的心态，一时的打击不会打倒我们，我们终会跨过一个又一个坎，奔赴成功！

成功之花的种子更是终生的学习与实践。江老师在波普公司组织读书会，带领全体员工学习，再把学到的知识运用在工作中。学习十分重要，实践亦是如此。王阳明提出过"知行合一"的重要理念，阐述了知与行的关系。作为学生，我们首要的任务就是学习，只有在学习中实践、在实践中学习，才可以在成功的道路上越走越远。

在与江老师的对话中，我们意识到成功的由来：强健的体魄、清晰的目标、极强的责任感、乐观的心态，以及终生学习与实践的动力。具备上述几点，成功之花的种子便会长出新芽，破土而出，开出绚烂的花朵。

江华平和学生合照

作为青少年的我们身上有无限的可能。与江老师的谈话让我们受益匪浅，前行路上的一盏明灯点亮了，让我们一起努力种下这朵成功之花！

少年心事当浮云，愿新时代的我们伴随着祖国高歌猛进，学习时代榜样的可贵精神，站在巨人的肩膀上，用劳动的双手创造美好生活。淬劳动之火，铸时代之刃，我们与时偕行！

勤奋敬业为百姓服务，清正廉洁向社会奉献

——杭州中学学子专访朱学军

朱学军，杭州市上城区人民法院三级高级法官，浙江省劳动模范。先后获得“全国模范法官”“全国法院办案标兵”“省十佳调解能手”“省争先创优优秀共产党员”“省优秀志愿者”“省最美公务员”“省指导人民调解工作先进个人”“杭州市首届十大金牌和事佬”等荣誉称号，荣立个人一等功、二等功各一次，三等功五次，并作为全国模范法官中唯一代表在北京人民大会堂作表态发言；作为法院系统唯一代表在纪念枫桥经验50周年大会上作经验交流，受到过前后两任中央政法委书记的亲切接见。朱学军的家庭曾荣获杭州市党员干部廉洁好家庭、浙江省最美家庭、全国五好家庭称号。

勤奋敬业为百姓服务

“劳动模范是民族的精英、人民的楷模，是共和国的功臣。”为引领杭中学子学习劳模事迹、感悟劳模精神，近日，杭州市杭州中学记者团走进上城

区人民法院，寻访浙江省劳动模范朱学军。

1. 走进调解室，感受先锋风采

朱学军法官自1992年开始独立办案，至今办理各类民商事案件已万余起，个人成功调撤率76%，平均一年办案300多起，最高一年办案高达686起。朱学军也是公认的调解能手，2009年创立以其名字命名的“朱学军法官调解工作室”，带领着调解团队一起为百姓“调和、调顺、解忧、解难”。

朱学军接受学生采访

朱法官自工作以来，每当有人向他咨询法律问题时，他总是不遗余力地为他们答疑解惑。他怀揣着人民司法为人民的真情，诚心帮助当事人解决矛盾纠纷。他深知人民对公正司法的渴望，对于一名优秀法官来说，不仅要具备扎实的法律功底，更要有一颗为人民服务的真心。于是，他积极投身调解工作，致力于化解矛盾纠纷。

他认识到调解工作的重要性，可以缓冲诉讼带给当事人的压力，还可以提高调解工作的社会公信力。如此，朱法官确定了目标和定位，组建了一支具备丰富的调解经验和专业知识的调解团队，并建立了数十个联络站，深入基层,提高调解效率,并逐渐发展成为群众信赖的调解平台。

走进上城区人民法院朱学军法官调解工作室,“调和、调顺、解忧、解难”的调解八字宗旨映入眼帘,暖色的T形圆角调解桌,形似一把钥匙,寓意打开双方的心结,而布艺凳子、绿色植物的摆放,给人一种温馨的感觉。调解桌的间距刚好是两人握手的距离,意在握手言和。这间颇具风格的办公室,是法官对当事人的尊重,更是人与人之间美好的传递。

朱法官有时还将工作室搬入当事人家中,手上捧着一叠厚厚的资料,身穿一件洗得已经发白的制服,法官徽章总在胸前闪耀光芒,象征人民在法律的庇护下幸福生活。他在与当事人的沟通中面带笑容,即使当事人言语高亢急促,他始终耐心地解释,用心开导。因此,他的调解工作不仅得到了当事人的认可,也赢得了社会各界的广泛赞誉。

朱法官至今仍坚守一线,为更多的老百姓排忧解难,为当事人定分止争,以维护社会的稳定。他还经常撰写相关信息、报道、论文进行普法宣传,以案说法。他努力让双方当事人一笑泯恩仇,他用实际行动诠释了人民公仆的真正内涵,他数十年如一日的坚守,赢得了社会的尊重和信任。

朱学军法官,一个名字,一段传奇。

2. 走近法律调解,感受司法温度

朱学军法官在一线从事审判、调解工作30余年,调解的案件不管是简单还是困难,朱法官始终能做到在法律的框架内温情执法。法律不是冰冷的法条,是为了维护人间真情、维护社会和谐稳定的基础。朱法官梳理总结了“重民生、化民怨、顺民意、倾民情”十二字调解工作法,提出在调解工作中要做到“磨嘴、心诚、爱民”,一定要在善于倾听倾诉、把握住双方心理预期的基础上,使双方当事人放下心结,握手言和。

在多年的调解工作中,朱学军法官见惯了人情冷暖,也见证了人间自有真情在。他认为,婚姻家庭纠纷会有亲情,乡邻纠纷会有乡情,民间借贷纠纷会有友情,交通事故纠纷会有同情,这些“情”就是调解中的基础所在,只要能唤起人间真情,许多恩怨就会烟消云散。调解不是简单地敷衍了事,应当

朱学军工作

把握当事人的问题实质，真正做到案了事了。

为推进多元纠纷化解机制的建设，共同构建多方参与、优势互补的多元诉讼服务体系，法院还建立了网络调解平台，当事人可以通过在线多元解纷平台发起调解请求。曾经有一起邻里纠纷，邻居间因为空调外机安装位置问题产生矛盾，在社区共享法庭的指导下，朱法官与双方约好在线多元解纷平台进行调解，最后成功化解了矛盾。

多年的民商事案件的审判调解工作，使朱法官积累了丰富的调解经验，他把这些宝贵的经验通过现场演讲及网络平台分享给更多的司法工作者和社区调解员，让他们在调解的过程中设身处地多为当事人着想，让法律的温度渗透到每个当事人心中，让每个当事人都能在司法案件中感受到公平公正。

作为全国法院系统的办案标兵，朱法官人性化的纠纷解决方式得到了当事人的肯定，近两年来，当事人共送来锦旗90余面和感谢信7封。

朱学军法官在纠纷调解方面具有极强的影响力。年近七旬的陈大妈名下有一套房子，几年来，儿子小许一家一直居住在这套房子里不肯搬离。

2019年陈大妈就此事起诉至法院，但随后撤诉。2020年春，陈大妈慕名前往电视台，希望和事佬朱法官进行调解，但由于双方分歧太大而调解失败。2021年，陈大妈再次诉至法院，要求小许腾退房屋，这次，陈大妈胜诉了。案件已到执行阶段，但小许仍未搬离。陈大妈再次求助于和事佬栏目组，和事佬朱法官出面为双方调解，但收效甚微。2022年，陈大妈再次请求调解。上门后，朱法官并没有急着宣讲法规，而是耐心地说道："冷饭炒了一遍又一遍，我也讲不出什么新道道来。那么，你们是否可以做个反思，想想骨肉至亲的母子，以前苦日子母子连心，现在条件好了，为什么会反目成仇？"最终，在朱法官动之以情、晓之以理的拉锯调解中，母子俩握手言和，长达数年的纠纷终于在朱法官的不懈努力下画上了圆满的句号。母子双方对朱法官连连称谢，为他伸张正义与公平的优良品质和深入民心的调解纷纷点赞。

除此之外，朱法官调解过诸多家庭矛盾，处理过无数起案件。廉洁高效、倾心为民，就是他的人生写照。

3.“金牌和事佬”，践行不负人民

朱学军法官，是杭州市民熟悉的“金牌和事佬”。初次见面，相信谁也无法把他与“法官”联想在一起。他温柔中带着刚性，直率却不失幽默。他总是时刻怀揣着人民司法为人民的真情，诚心帮助当事人解决矛盾纠纷。他通过辩法析理，让当事人明辨是非，并赢得他们的信服。

他的调解工作室有线上、线下等多种形式，而最有名的就是杭州电视台西湖明珠频道《和事佬》这个节目了。这是一个法制调解类栏目，不仅有助于培养公民的契约精神，还为当事人提供一条快速便捷的纠纷解决途径。如果调解成功，就不用起诉至法院，从而避免了有限司法资源的浪费。《和事佬》能化解矛盾纠纷，更能进行普法，宣传作用极大，体现出“以和为贵”的中国文化传统。不仅如此，这个栏目的成就也不小，朱学军调解各类纠纷1000余件，调解成功率高达92%以上，调解的效果非常显著。

朱学军法官调解工作室成立之初，有许多人抱有怀疑的态度，就连朱法官本人也是“摸着石头过河”，不知道未来的路该如何走。但是要强的朱法官

朱学军接受学生的鲜花

并未退缩，而是利用好调解工作室的平台，努力为人民服务。在工作和生活中，他尝试做个有心人，努力学习上海话、绍兴话、粤语等方言，以拉近和当事人之间的距离，用平和的语气调解民事纠纷，深入民心。渐渐地，朱学军法官的调解工作室在整个杭州市变得小有名气了。

朱学军法官时常在繁重的工作之余撰写博客短文，宣传工作室的调解工作，并代表工作室参与制作了许多法制类节目，将工作室的精神发扬光大。他热心而帅气，努力上进而敢于创新，秉公执法又不失温和，是一位实实在在的“金牌和事佬”！

在实地寻访中，看着朱学军热忱的面孔，听着他和善的语言，我们理解了人民法官的真实含义，也感受到他对当事人的关怀和帮助。他亲切和蔼，说服力很强，通过生动的实例让当事人信任法院、信赖法官、信服判决。有时，他在法院下班后，匆匆吃完盒饭，就踏上了调解纠纷的“和事佬”征程，经常需要几个小时的拉锯调解，大家才能达成一致意见。事后，他也会感到疲惫，但是或许就是这一疲惫换来了当事人的平安。

听着他温文尔雅却又坚定有力的介绍，我切身感受到朱学军作为一名新时代的人民法官，在一张张法律文书中放飞理想，在一次次开庭中实现价值，在一个个当事人满意的微笑中寻找快乐的精神。在繁重的工作之余，他会积极多做一些调解的延伸服务，将法制宣传与审判工作有机结合，运用案件资源，开通个人法官博客、微博，参与电视调解，与媒体保持良好的互动，受到了群众欢迎，广受好评和称赞。朱学军也因为他过硬的业务素质、精湛的调解技巧成为法制类节目的宠儿，成了名副其实的明星法官。

而对于调解好了的案件，朱学军也没有放手不管。每到约定的履行期，他就会通过电话向双方询问履行情况，进行案件回访，并督促义务方履行调解书确定的义务。这一举措进一步增加了他和当事人之间的信任感，形成了良性循环。在生活中，他生活朴素，作风廉洁。在思想认识上，他提醒自己要时刻绷紧“廉洁司法”这根弦，他的这种清廉做法广受好评，起到了模范带头的作用。

朱学军上《和事佬》

学生感悟

当我们收到朱法官赠予的《生活中的法律》一书时，我们很感恩有这趟特别的学习之旅。朱法官希望同学们能够身心健康，成为一个品德素质高尚的杭州人。我们一定在生活中用好法律，勤勉学习。

1. 明星法官，不平凡的法律故事（杭州中学 丁凌菲）

他有着一个神秘而被敬仰的法官称呼，但其背后却藏着一颗赤子之心，这是一颗充满爱与包容的心，一颗只要你欲接近便会被融化的心。他就是杭州市上城区人民法院三级高级法官、浙江省劳动模范朱学军。

2010年杭州电视台《和事佬》栏目开播，朱学军作为首位出镜的电视调解员参与调解，其参与录制的节目播出后收视率极高。到今年为止，他担任《和事佬》电视调解员已近15年，为百姓调解了众多案件，赢得了百姓的喜爱，被百姓亲切地称为"金牌和事佬"。由于工作出色，朱学军多次受到嘉奖，被授予"全国法院办案标兵""浙江省十佳调解能手"等荣誉称号。

"调解有成功也有失败，因此在办案中我会有定分止争的欣喜，也会有无法达成握手言和的遗憾，但是我一直会努力，因为在浩瀚的法律世界里，常有两样东西激励我勇往直前，一是每日阳光下那熠熠生辉的天平，二是每枚法徽后为了正义而搏跳的心，我坚定并明了自己的人生方向，热爱并执着于神圣的审判事业，我拥有的是一颗清澈明亮的心，感受法官这个职业带给我充盈的、平静的幸福。"这是朱学军的工作信条，也是他的誓言。他坚定，他明了，他热爱，他执着，所以他充盈，他平静，他幸福。这是一名法官源自心底的呐喊，也是他对工作最基本的追求。

2. 践行初心，不负人民（杭州中学 刘卓文）

我了解的朱学军法官是一位可以在判决的法律效果和社会效果中取得两全的人。朱学军法官自1992年独立办案以来，从事审判工作已达32年，平均调撤率达76%，全部案结，无一错案。面对人们对他的赞许，朱法官笑笑说："案结事了人和，不就是每个法律人追求的目标嘛！"

朱法官始终坚持把天平装在心里，依法公开、公正地审理好每一起案件，为辖区内经济发展和社会稳定提供了良好的司法保障，是有责任感与使命感的好法官。2009年，他成立了“朱学军法官调解工作室”，工作室墙上的《百字调和歌》和《心语》都是他在长期的调解工作中总结出的口诀。

他的法官日常不可谓不忙碌，曾有记者在采访时见证了他一上午审3个案子再送案卷的过程。朱法官不到8点便已经在办公室翻阅案卷，他在法庭上对事实清楚案件的快速审理，以及热心交代当事人判决之后应如何处理的样子，给案件当事人留下了深刻印象。“有朱法官这些话，我就可以安心过春节了。”当事人临走时说。记者采访时，朱法官微笑着说：“只有把工作真正做到老百姓的心坎里，调解才能事半功倍。”当我看到这样温暖的笑容时，我的心被狠狠撞击了一下，他总是时刻怀揣着为人民服务的真情，诚心帮助当事人解决矛盾纠纷。当事人对他充满了信任与感激，这才是我心中最美公务员的模样，“公正高效，一心为民”，来自当事人的肯定，是对他最好的赞赏。有的当事人出于感激会给他送礼或请他吃饭，但都被朱学军法官婉言谢绝了，他时刻提醒自己要绷紧“廉洁司法”这根弦。

朱法官践行初心，不负人民。他是我们最好的学习榜样！

3. 人民楷模，坚持不懈（杭州中学 金可璇）

“劳动模范是民族的精英，人民的楷模，是共和国的功臣。”朱学军法官就是浙江省劳动模范代表之一，是广大青少年学习的优秀榜样。

朱学军法官身为杭州市优秀共产党员，就职于杭州市上城区人民法院，致力于案件前期的调解工作，曾获得过“全国模范法官”“省十佳调解能手”“省最美公务员”等荣誉称号，受到过前后两任中央政法委书记的亲切接见，是位极其优秀的社会人才，我们都很佩服他。

朱学军法官也是多年来活跃在荧屏的“和事佬”。《和事佬》是一档由杭州电视台西湖明珠频道打造的日播法制调解类栏目，该栏目有助于培养公民的契约精神，为当事人提供一条快速便捷的纠纷解决途径，同时可避免司法资源的浪费。

在调解工作中，朱学军法官会先将案件进行全面研究和分析，了解双方对案件的想法，然后耐心地、似春风化雨般努力进行调解。不论对方情绪如何，意见如何，他总是保持着十分的耐心和包容，以及一颗冷静从容的心，也正因如此，他才能在调解工作上脱颖而出，干出优异成绩。

通过他的事件与经历，我发现了一个真正的共产党员身上体现的光辉品质。有人曾问他："十年如一日地干这么吃力的工作，有没有想过放弃?"朱学军给出的回答是坚定的："从来没有!调解也是法官工作的一部分，我们可以通过调解解决很多不必要的矛盾和纠纷，能帮到大家是我的荣幸。"他乐于助人，帮助邻里调解矛盾；他公正无私，在法庭上为受害者主持公道……他就像指路的灯塔，在漫漫长夜中指引着我们共青团员的努力方向，在我们的面前树立了一个好榜样。他这样平凡而又伟大的人，就像一颗光彩夺目的明星，而在共产党员中有千千万万颗这样的星，就是这千千万万的共产党员铺就了中国璀璨的前进道路。

择一事，终一生，不为繁华易匠心

——杭州市建兰中学学子专访陈郁涛

陈郁涛，全国技术能手、全国五一劳动奖章获得者、浙江省劳动模范、浙江工匠、浙江省百名最美交通人、浙江省首席技师、浙江省万人计划高技能领军人才、杭州市高技能拔尖人才、最美钱塘工匠、全国中职大赛国家裁判员。从1996年起一直从事汽车维修喷漆工作，他通过改善流程和技术手段，提升了车间效率，每年为公司提升上百万元效益。其独创的长短错落驳口工艺，极大地降低了操作难度，多次在全国、省、市等行业大赛中获奖。2014年起连续担任五届“世界技能大赛”油漆项目教练、专家，指导的学生及汽车维修行业技师多次在全国、省、市的中职院校、行业技能大赛中获奖。

精益求精，追求极致

那是一位从艰苦时代走来、在繁荣中奋斗的工匠，那是一种于荒芜环境中创造生机与活力的能力，那是坚守自我、引领时代的工匠精神。所谓匠人有匠心，20多年来，陈郁涛也一直用“精益求精、追求极致”这句格言严格要求自己。他常说的一句话就是“做技术，没有最好只有更好”。靠着精益求精、精雕细琢的态度，他在专业领域练就了一身过硬的本领。除了专注于自身能力的提升，陈师傅也专注于青年人的培养，十分关注本行业的梯队建设。他积极参与汽车钣喷专业人才培养方案的制定，不遗余力地将自己的专业理论和实践经验传授给广大维修技工和青年教师。

9月9日，我们采访小组来到杭州运通祥宝汽车销售服务有限公司，采访“全国五一劳动奖章”获得者陈郁涛师傅，期待感受工匠风采，领悟匠心精神，提升自我修养。

1. 细微之处见真章，日复一日勤磨炼

春日午后，杭州运通祥宝汽车销售服务有限公司的钣喷车间内，陈郁涛又换上白色工作服，拿起得心应手的工具，先查看车辆外表的损伤程度，然后一点点地将损伤修复，刮腻子、打磨、调色、上漆，直至漆面修复如新……

眼前这位不善言辞的钣喷工，正是今年评出的百名“浙江工匠”之一。熟悉他的人，都称他是个“细节控”：漆面上再小的气孔，油膜厚度的微毫之差，他都能察觉到；肉眼无法辨别的凹凸面，他用手一摸便知。

在油漆间内，陈郁涛师傅生动地向我们讲解着色母调色的神奇，“只要你看得到的颜色，我们都能调出来！”几张小小卡片蕴藏着的是独属于匠人的自信和坚守。同时，陈师傅也和我们讲解了我国在汽车油漆研究领域的心有余而力不足。国外的色母调色后颜色稳定，多个采矿场可以取色而成品不会受突发的某个矿场矿料颜色变动的影响。而国内的色母由于起步晚、矿场少，虽价格便宜许多，却会有矿料颜色不稳定的现象。“同样编号的调配方

式，上次调和这次调出来的颜色可能就不一样了。”一句自语的背后让我们亲身体会汽车油漆维修工业的精妙与复杂，感受到作为“汽车化妆师”工作的不易。

2. 代代相承传技艺，工匠精神永流传

因为热爱，所以专注；因为专注，故而专业。陈师傅的学徒杨金龙、蒋应成，为了参加世界技能大赛，努力做到小于0.01毫米的误差，放弃了还不错的工作收入，回到学校继续苦练。他们不分白天黑夜，每天保持18个小时的高强度训练，喷枪加上油漆有六七斤重，手要端着一动不动才行，有时一喷就是几个小时。手臂常常痛到睡不着觉，每天晚上靠敷冰袋才能缓解疼痛。最终杨金龙、蒋应成两位师傅在世界技能大赛汽车喷漆项目上摘得桂冠，交谈中陈师傅流露出满满的欣慰和成就感。

“工匠对自己的产品精益求精、精雕细琢，追求极致、追求完美，努力把品质从99%提升到99.99%的精神。”这是陈师傅对工匠精神的诠释。

随着汽车行业环保意识逐渐提升，特别是在国家环境保护局公布的维修企业VOC_S排放现状下，他意识到油漆维修行业将来的发展趋势也是节能环保，油漆的工艺技术和流程势必要进行改革。

他的想法得到了公司领导的认可和支持，因此公司成为杭城第一批使用水性环保漆的4S店。由于是第一次使用水性环保漆，对产品性能不了解，操作也不熟练，实际操作中出现了很多问题，如颜色色差、喷涂时间长、油漆质量下降等。针对这些问题，他不断与厂家技术人员沟通，白天空闲时间自己进行颜色调配，了解掌握水性漆色母特性；晚上加班喷涂操作，与同事们不断地对喷涂结果进行分析，不断改善和调整工艺配方。通过大家“白加黑”“5+2”的共同努力，短短的一个多月时间，公司的油漆团队就适应了油性漆转水性漆的施工操作，维修速度从开始的1个面积需要2—3天，到后来的2—3个面积当天交车，工作效率得到极大提高，团队也得到公司的高度赞扬。

3. 低调内敛恒奋斗，敬业乐业勤钻研

步入车间，眼前是静置待修的汽车，是忙碌工作的工人们。陈师傅的眼神总给人一种莫名的亲切，有着与深色工作服截然不同的活力。他带着我们参观了整个车间，从调漆室到上漆间，从打磨技术到修复破损的各种步骤，他都为我们详细介绍、耐心解答。进入调漆室，油漆味实在难闻，阵阵刺激气味钻入鼻腔，同学们不由得捂住了鼻子。两旁是陈列着的调漆工具，挂着各样对色板，陈师傅介绍了原料的获取与先进的调漆工艺。随后我们来到车间，静待修理的汽车有的掉漆待修，有的横杠断折，不过它们不久便将在陈师傅等工人的手下重现昔日的华彩。看到这儿，我们便不禁感叹那敬业精业、专心专注的工匠精神。

在陈师傅的引导下，我们走进汽车加工车间，耳边鸣声轰隆不断。抛光、加工区域都相应整齐摆放着或大或小的工具和汽车零件。陈师傅向我们一一展示维修汽车的照片，他提到还有许多工作片段因为手机的丢失而缺少，言语中的遗憾让我们感受到他对于这份工作的热爱。在陈师傅身上，我们看到了“工匠精神”所蕴含的艰苦奋斗、创争一流、勇于创新，“劳模精神”所彰显的敬业精业、专心专注、至善至美。

4. 岁月积淀铸荣光，传承创新勇攀登

1996年的一批打工潮促使他这个有梦想的青年从一个学徒开始不断拼搏。其实当初他并不是十分了解油漆行业，只是因为想要学一门技艺傍身而加入其中。虽然环境严峻，但是在一次次喷漆的过程中，他渐渐地喜欢上了这个富有魅力和技术含量的职业。经过岁月的积淀，他感慨：是因为热爱，所以才义无反顾，所以才拼尽全力。

原来，让一个平凡的工匠拥有工匠精神，首先就是要热爱。干一行，要爱一行。

对于涂漆，要涂得色彩均匀、薄如蝉翼，所要经历的刻苦磨砺可想而知。在全国技能大赛中，对于喷漆的要求是误差须在毫米之间，相当于1/6根头发丝宽度。面对这样看似不可能的任务，陈师傅与他的徒弟却携手斩获数届

冠军，引得我们十分好奇，以为会有什么样的高深方法，然而我们得到的却是一个令人敬佩的答案。他们并没有刻意地去注重这方面的要求，却是在日复一日的积累中形成了机械记忆，因此每次能在毫厘之间辗转自如。

陈郁涛接受学生采访

采访完，我们随陈师傅移步他的工作室。室内仅一张简陋破旧的白桌，但奖状像是小山崖，随意地堆砌在角落。我们在车间后方进行拍摄时闹出不小的动静，但没有一位师傅瞧我们一眼，都在忙碌自己的工作。他们的专注认真，全是因为这份职业所赋予的神圣职责。

是的，这就是匠心精神。一种累月的刻苦，一种谈笑间的平和自如。

每个行业好像都一样，都会有师徒共勉这样的模式，且均起到了良好的行业效应。很佩服第一个收徒的人，这意味着要把自己学的秘诀全部教授出去，还要冒着“饿死师傅”的风险。思路回转，这其实也是一种隐含的匠心精神的体现，无私奉献、协作共赢。一个行业能够在众多行业中有所成就，定不是一家独大，而是需要不同的人心连心去创造辉煌！

海阔凭鱼跃，天高任鸟飞。现在的大环境让陈师傅有了更多的感触，原来喷漆确实会对人体造成较大的危害，冻疮和满身洗不掉的油漆味让他止不住地懊恼。但是如今有了更加先进的科技防护措施，不仅有了更加品质优良的水性漆，还有防护面罩时时刻刻保护着人们的身体安全。新时代为更多有志之士提供了辽阔的就业舞台，厚植事业发展的土壤，遍洒阳光雨露，才能更好地助力社会发展。

现在正值人才辈出、尽显其能的伟大时代。新时代的弄潮儿也更应站在潮头迎接潮涌，以工匠精神为动力，去创造属于我们的辉煌！

坚定信念，家国荣耀

噪声、有害气体、闷热、孤独，汽车修理车间的环境比想象中还要恶劣得多。陈师傅和工人们却在这不大的天地里日复一日、年复一年地打磨技艺、服务大众。此刻，陈师傅如数家珍地介绍着漆色。他拿下墙上挂的色板，翻转一面，几块色板后是一个手绘的表格，左列写颜色编码，右列精确地标出了各色的用量，一目了然。“其实现在我们自己的漆是很好的。”陈师傅说着，打开手机调出了一张照片，上头码着几瓶进口油漆，“这是一个国外牌子，是我们比赛指定用品，但其实这里面70%的材料是来自我们山东。我们可能面上感觉还是用别人的，但是自己底下也都是在较劲……”陈师傅说到这儿，加重了语气，目光如炬。

如今世界局势风起云涌，中国正处于疫情过后的恢复期中。而我们中学生身处安宁的校园中，似乎很少会去想中国在世界的位置，很少会去想“made in China”在世界的分量。

国家富强，民族兴旺，不是一句口号，需要千万人民在各行各业奋斗中结出累累硕果。陈郁涛师傅就是其中的杰出代表！

陈郁涛带领学生参观

学生感悟

1. 敬业精业，淡泊名利（杭州市建兰中学　王景煊）

陈郁涛师傅介绍了他从业的经历，并不是像如今一样由自己挑选热爱的职业，再去深造，他们的时代只给了他们唯一的选择，只有艰苦工作，只有不惧这弥漫粉尘与漆味的车间，才有机会、才有余地去提升环境、提升待遇。

他们无法改变自己所从事的职业，命运没有给他们选择的机会，陈师傅能做的只有去适应这个环境。鲍勃·康克林曾说："重要的不是环境，而是对环境做出的反应。"他从此发掘维修行业的乐趣，慢慢地热爱上这个职业，虽付出了青春，但那一枚枚奖章，便是他无悔青春、创新创造的诠释。

正如"风来疏竹，风过而竹不留声。雁渡寒潭，雁去而潭不留影"，他们从不怨恨困顿与挫败，从来是给青春以奋斗，给工作以细致。"宠辱不惊，闲看庭前花开花落。去留无意，漫随天外云卷云舒。"他们从不在意自己给这个世界带来的影响，不在意自己的荣誉成就。踏过流转年华，哪怕留下再多的华美春景与风致，也从不回头，回望那满园春色，满院馨香。陈郁涛，一代劳模，一代工匠精神、劳动精神传承者，在这车间，在这世间，他的梦早已随奋斗开了花。

2. 吃苦耐劳，钻研探索（杭州市建兰中学　夏楷宸）

步入车间大门，一股只有在做室内装修时才能闻到的浓烈油漆味扑鼻而来，打磨机与车体摩擦发出的滋滋声，让本就炎热的车间更添几分嘈杂。心中不禁感叹："原来汽车在被标上价格前，竟有如此多的人在这里为它'化过妆'。"目光快速扫过一位位正在工作的钣金师傅，忽然，一位正专注于喷涂车门油漆的师傅吸引了我的注意，只见他目光炯炯，神色沉稳，面容因长期工作而饱经风霜，留下了条条皱纹。他，就是陈师傅。

经过日复一日的刻苦练习，"陈师傅"逐渐成为"陈大师"。陈郁涛积极参与行业建设，培养行业油漆人才，连续两届被国家人社部聘为世界技能大赛的指导教练，助力中国代表队在第43届世界技能大赛上实现金牌零突破。

可以说，他不仅是一位大国工匠，更是一位以自己的力量带动行业创新进步的领军者！这，是勇于创新、敬业精业的工匠精神最好的诠释。

“希望每一位青年，都能在追逐梦想的道路上，用双手不断创造属于自己的精彩；希望每一位青年，都能了解并传承吃苦耐劳、精益求精、钻研探索的工匠精神！”这是陈师傅对当代青年的祝愿与期盼。让我们一起，向陈郁涛师傅致敬，向中国工匠致敬，向伟大的工匠精神致敬！

3. 平和报本，精进传承（杭州市建兰中学　张琳亦）

《西江月》中王惟一有语：“学道须当猛烈，始终确守初心，纤毫物欲不相侵。”自古以来，无数文人墨客都留下了坚守本心的诗句。老子也认为，万事开头难，需要人去钻研，去探索，尝试并坚持下去才有可能成功，而做事专注，有工匠精神的人，往往是能有所作为、成就大业的人。

而工匠精神就是陈郁涛师傅一生的写照。

清晨的阳光懒洋洋地透过窗户泻下，我们一行人走进闷热的车厂，陈郁涛师傅已经开始忙活了。

陈师傅的皮肤黝黑，从他那双闪着亮光的眼睛中可以看出他是个有毅力和决心的人。他身穿一身蓝黑色的制服，朴素大方，全然看不出他是一个获奖无数的大名人。

走进陈师傅的工作室，四壁洁白，除了自己和团队的简介，再无其他。陈师傅从事汽车喷漆工作已有20余年，不仅是世界技能大赛汽车喷漆项目专家、全国五一劳动奖章获得者、杭州市政府特殊津贴获得者，而且指导的学生多次在全国及省市院校大赛中获奖。我的余光瞥见了工作室角落的一大摞奖状和获奖证书，当我疑惑陈师傅为何不把这些张贴出来时，他笑着回答：“贴上这些，感觉怪别扭的。”

我们在沙发上与陈师傅进行了面对面的采访。陈师傅出生在江西玉山的一个农村家庭，1996年来到杭州打工，因为自己没什么学历，所以基本没有什么工作可选。也是偶然间通过朋友的介绍接触了汽车维修油漆工作，这一干就是20多年。

陈郁涛和学生合照

陈师傅的学徒生涯困难重重。刚工作时，厂里防护措施很差，每天与有毒气体打交道，对身体的伤害很大。到了冬天，洗脸的毛巾都结成了块，陈师傅的手上长满冻疮，肿得像馒头，温度稍高双手就像有蚂蚁在爬，冷了就痛，根本无法入睡。由于当时工作量大，冻疮刚结痂就又裂开来，承受了不少痛苦。陈师傅坦陈，自己那时候也确实因为太苦太累曾想放弃这个工作，但在师傅的劝说下，也就坚持下来了。陈师傅在讲述这段经历的时候很平静淡然，嘴角拂过一抹笑意，仿佛是对过去坚持下来的自己的肯定。

临近中午，阳光透过树叶的缝隙形成斑斑驳驳的碎影，陈师傅迈着有力的步伐，他的背影像一束光，在一瞬间被拉得笔直而高大……

匠心，平和报本；匠魂，精进传承。愿你我怀揣一颗匠人之心，将烈烈匠魂传承下去！

践行劳模精神，传承匠心力量

——杭州市惠兴中学学子专访徐荣培

徐荣培，男，2022年市劳模。担任杭州特美刻实业有限公司董事长，是一名丽水龙泉籍的企业家，民进中央企业家联谊会委员、浙江年度创意经济人物、杭州市劳动模范、杭州市政协委员，他始终关注社会公益事业，获2021年民进全国脱贫攻坚工作先进个人。

十六年磨一杯

杭州特美刻实业有限公司是一家集研发、造型、生产、销售于一体的专业水具企业。全产业链经营高端保温杯壶、厨具21年。是中国航天战略合作伙伴和军民融合企业，G20杭州峰会保温杯壶选用产品，世界游泳锦标赛赞助商，环球马术冠军赛赞助商，上海斯诺克大师赛赞助商，第七届世界军人运动会支持品牌，第十四届全国运动会协作企业，杭州2022年第19届亚运会官方水杯水壶供应商……在创始人的带领下，特美刻坚持聚焦在主航道上不走捷径，致力于技术创新，产品达到国际先进水平，并率先采用医用不锈钢316和保温杯铸银工艺制作。成为国际知名品牌（宾利、路虎、奔驰、苹果、凡·高美术馆、中国丝绸博物馆、英国皇家设计院、国际马术冠军赛及爱尔兰皇家马展等）指定战略合作商。秉承“增值服务、设计创新”的企业精神，以雄厚的实力、合理的价格、优良的服务与广大新老客户建立了长期的合作关系。企业先后荣获“中国礼赠品企业100强上榜企业”“浙江省知名商号”“省模范职工之家”“浙江省质量诚信AAA品牌企业”“浙江百佳年度最受欢迎企业”“浙江省科技型中小企业”“浙江省企业优秀品牌创新成果”“杭州市模范集体”“杭州市先进职工小家”“杭州市创建和谐劳动关系先进企业”“杭州市著名商标”“杭州市专利试点企业”“杭商品牌案例”“上城区重点企业”“上城区抗击疫情爱心企业”“先进基层党组织”“市长杯产品创新奖”“文化创意产业专项资金”“热心参与东西部扶贫民营企业”等称号。

特美刻在秉承企业精神的同时也没有忘记对社会公益事业的关注。承办“我们读诗”公益栏目；积极参与市政府发起的“联乡结村”帮扶活动；年累计公益事业支出上百万元，成为上城区最受欢迎的爱心“明星”之一，同时也是互助网络平台公益联盟、壹基金公益健行活动公益合作伙伴。2019年被杭州市工商业联合会评为“热心参与东西部扶贫民营企业”。

在新冠疫情防控阻击战中，积极承担起民企应有的社会责任和担当，出资近百万元用来购买疫情防控急需的医用防护口罩，徐荣培个人又向上城区红十字会追加捐赠15万元，累计个人捐赠16万元；并号召公司党员同事积极加入红色志愿者队伍，赴各社区设卡点位送茶送温暖，共同凝聚起一股抗击疫情的强大合力。特美刻也被评为上城区抗击疫情“爱心企业”、获得上城区抗击“新冠肺炎”疫情爱心奉献奖。

特美刻公司多年来坚持以人为本，以职工为中心，把每个员工都当作自己的家人一样看待。公司在大力发展销售业务的同时努力培养和建设优秀的企业文化。人才，可遇不可求，企业得到人才的最佳方法是靠自己培养，公司对有上进心、乐于学习、积极进取的职工进行培养，使其逐步成长为部门技术骨干、业务骨干，对工作经验丰富的、有进一步培养潜质的普通员工进行培养，使其逐步成长为各职能部门的负责人，为职工的职业生涯也提供了宝贵的财富。围绕培养员工爱家、爱企、爱国的情怀，坚持用“红色文化”教育员工，引导员工心怀感恩，听党话、跟党走；坚持用“家文化”凝聚员工，用亲情与关爱去感召员工积极为企业发展做贡献。特美刻公司历来注重文化建设，并获得“最美娘家”“杭州市先进职工小家”“省模范职工之家”“上城产改市级试点”等多项荣誉。

铭记徐伯伯给我们带来的“特别美丽时刻”

采访劳模徐荣培伯伯是在一个阳光灿烂的午后。采访之前，我们通过小组协商，进行分工合作，并准备好采访所需的设备，例如录音设备、摄像机等。

来到了钱江新城特美刻公司，公司特别干净亮丽，徐伯伯热情地接待了我们，进入会议室之前，徐伯伯还带我们参观了公司，热情细致地介绍了公司的发展历程、公司文化，以及他的经营理念，一路上，看到特美刻设计、生产的杯子，形状各异，颜色、款式、功能多样，琳琅满目，我们仿佛进入了杯子

徐荣培带学生参观

的世界。

开始采访了，我们提出了一系列问题，想了解他的工作经历、成就、困难和成功的背后故事等。比如他是如何成为劳模的，他在工作中遇到了哪些挑战，他认为自己取得了哪些重要的成就。

在采访过程中，我们全神贯注地倾听徐伯伯的回答，并记录下来。我们有时还会进一步追问一些细节，以获取更多深入的信息和见解。在采访中，我们会尽量避免对徐伯伯的观点和回答进行干预或评价，以确保他能够自由地表达自己的想法。

以下为采访内容回顾。

1.您为什么会选择水杯制造行业？您是出于怎样的机缘巧合创立特美刻全产业链经营高端保温杯壶？

——那时，物资不多呀。25年前怎么和现在比，一切事业的基础，干什么，做什么，都不是一个人可以决定的，是由社会背景决定的。

2.请徐伯伯解读下"特美刻"这个名字的期望。

——一个企业成不成功，为企业取个什么名字也是很关键的。"特美刻"这个名字听上去就很顺口，寓意也特别好，代表特别美好的时刻。名字给人的是第一印象，叫得顺口、听得悦耳的名字自然给人好的印象，一下就拉近了距离，没了陌生感，才能让大家熟悉我们、记住我们，从而去体验、使用我们的产品，让我们的产品为大家服务。

3.徐伯伯您一天的常规工作有哪些呢？

——对市场的研判。市场形势的研判对于个体和企业都具有重要性。了解市场形势可以帮助个体和企业做出明智的决策，通过仔细观察市场趋势和需求变化，可以更好地满足消费者的需求，把握投资机会，避免风险。

4.请徐伯伯描述一下评上劳模时的心情。

——心情很平静。人在对待荣誉的时候要有一颗平常心，但人又需要有一种进取心。

5.徐伯伯在2020年接受《每日商报》采访时曾解读过新时代企业家精

神，我的梦想也是成为一名企业家，您觉得身为一名企业家最重要的是什么？在我成长的道路上，您可以给我一些提点吗？

——企业家是一个冒险的职业，是一个为社会拓展的职业，是一个拓荒者。企业的高层管理者给企业制定发展方向，要对市场有敏锐度、要有好奇心，有一段时间，下发了一个政策，为支持环保要减少一次性杯子的使用，公务员、教师严禁使用，那么这期间，就要多生产小口杯，方便携带。顺应市场、解读政策，就能抓住机会，让企业发展得更好。社会是多变的，知识面宽广，分析问题才全面，任何事物都有角度性，要学会换角度观察，同时身为企业家要重视队伍的建设，要发现人才，培养人才。

6.您对我们新时代惠兴学子有什么寄语吗？

——惠兴是百年老校，需要同学们不断努力奋斗。人活一口气，绝不认输！

学生感悟

1.不忘初心特美刻，助力亚运展风采（杭州市惠兴中学　朱可凝）

9月16日上午，杭州第19届亚运会火炬传递在浙江丽水站启动，杭州特美刻实业有限公司董事长徐荣培作为火炬手参与了本次传递，展现了浙江企业家的责任与担当。

作为杭州第19届亚运会火炬传递丽水站第65棒火炬手，徐荣培一直热爱着体育事业，关注我国各大体育赛事，在他的带领下，特美刻从G20杭州峰会保温杯壶选用产品、世界游泳锦标赛赞助商、第七届世界军人运动会支持品牌、第十四届全国运动会协作企业，到杭州第19届亚运会官方水杯水壶供应商，为各大体育赛事提供不懈的支持，与体育盛会联手前进。

在杭州亚运会到来之际，特美刻凭借其国际一流的匠心工艺和江南风韵的美学创意，特推出多款亚运系列杯壶产品，赢得多方赞誉。它根植于中国传统文化，注重亚运美学，在传统与现代之间，寻找平衡点。作为杭州本土企业，能成为杭州第19届亚运会官方水杯水壶供应商，是对品牌的一种认可。在他看来，体育因文化而变得丰富，文化因体育而魅力无穷。亚运与特美刻的邂逅，看似是一场遥远的偶遇，事实上却是互相成就、相得益彰。

特美刻将宋韵文化与亚运文化精心刻画融于杯身，让精美的画卷、璀璨的农耕文明带着千年前的古朴气息闯入人们的视线，穿越时空同特美刻(TOMIC)一起打造古今交融的恢宏场景，实现亚运文化和宋韵美学的双重赋能，如生生不息的精神火种，引领着当代人的生活品位，向世界展示特美刻杯壶的优秀文化基因。

徐荣培曾说："心情还是非常激动。能够作为亚运会火炬手，向大家传递亚运体育精神，这是至高无上的荣耀。同时，特美刻作为杭州第19届亚运会官方水杯水壶供应商，这也是一次向全亚洲展示我们杯壶产业的机会，我们会做好后勤保障服务，让我们的杯壶产品和宋韵文化走向更远的地方。"

壶里乾坤大，杯中日月长——从特美刻董事长徐荣培身上，我们感受到要让企业基业长青，不仅仅需要企业持续发力，长期积累，更需要管理者和营业者不断挖掘和开拓企业文化，从打造品牌的角度拓宽企业市场，同时，能关注社会形势，与社会各界良性互动，讲好企业故事，传播企业文化。

2. 践行劳模精神，传承匠心力量（杭州市惠兴中学　朱怀墨）

陶行知曾说："在劳力上劳心，是一切发明之母，事事在劳力上劳心，便可得事物之真理。"采访徐荣培伯伯后，我深刻明白了这个道理，明确了劳动的意义和重要性，理解了劳动不仅仅是为了赚钱，更是实现个人价值、贡献社会的一种方式，从徐伯伯创办经营特美刻企业的经历中，我们深知在中华民族的复兴之路上，每个人尤其是年轻人的责任与担当。

勤奋是奋斗的基石　实践是能力的源泉

广大青少年应通过不断刻苦学习，像徐伯伯一样努力提升自己的知识水平和技能，为将来走上工作岗位提供坚实的基础。并能积极参与社会实践，观察社会变化，知晓社会、百姓之需，参与各种实践活动，如志愿者服务、社区服务等，培养实践动手能力和社会责任感，同时锻炼自己的沟通协调和团队合作能力。就像朱熹说的那样:“问渠那得清如许?为有源头活水来。”

创新是发展的动力　务实是成长的关键

青少年从小要学会思考问题、解决问题,不断创新和改进,培养一定的创造力和创业意识。思考和观察是我们认识世界、了解社会的一个重要组成部分,也是关键能力。只有了解社会,才有创新的动力。

青少年在成长的过程中牢固树立正确的劳动观念是必要的,养成求真务实的品质非常关键,这次采访徐伯伯让我们明白要养成勤劳勇敢、富有责任心的劳动习惯,劳动是一种光荣而有尊严的事情。

完善自我管理能力　树立远大目标理想

劳模精神的底层逻辑是劳模本身具有自律、自强、自省的能力,对于我们青少年来说做好时间管理,提高效率,这样才能使自己在劳动中发挥最大的潜力。

历史车轮滚滚向前,时代潮流浩浩荡荡。一个国家、一个民族要振兴,就必须在历史前进的逻辑中前进、在时代发展的潮流中发展。青少年要树立远大目标,把少年的目标与时代的责任和社会要求紧密结合起来,培养青少年的远大抱负和追求卓越的精神,鼓励他们树立远大的目标,并不断努力奋斗,为实现梦想而努力。

总之,广大青少年要向无数徐伯伯这样的劳动模范学习,通过自己的努力,以积极向上的态度投身于劳动,发扬劳模精神,不断完善自己,为社会的进步和发展做出贡献。

专注成就梦想，钻研缔造辉煌

——杭州市惠兴中学学子专访林罗胜

林罗胜，区级劳模和2022年上城工匠。杭州金星铜工程有限公司工程师，长期从事铜建筑工程设计深化、技术标准控制、新工艺技术研发。开发了仿唐铜瓦、铜制小青瓦、钛锌板筒瓦、钛板筒瓦等实用新型材料。目前获得实用新型专利授权3项。热衷于传统古建筑技术的学习和研究，推广新材料在仿古建筑上的应用。发表论文1篇。主持完成江苏园博园紫东阁铜装饰项目和新郑黄帝故里扩建项目等。

学生感悟

1. 专注成就梦想、钻研缔造辉煌（杭州市惠兴中学　王楚恺）

杭州市上城区工匠林罗胜是一名在古建筑装饰行业中摸爬滚打了17年的工程师。林罗胜叔叔现在是杭州朱炳仁铜艺股份有限公司铜工程事业

林罗胜带领学生参观

部的技术总监，作为杭州著名铜雕大师朱炳仁先生的徒弟，他通过自己的努力和执着，将铜雕技艺发扬光大，为传承和弘扬中华优秀传统文化做出贡献。在我们的采访中，林叔叔分享了他的成才与奋斗之路。

林叔叔出生于温州一个普通家庭，大学学的专业是机电一体化。虽然不是铜建筑专业出身，但他通过自学和实践，逐渐掌握了铜建筑相关的知识和技能。“我很喜欢历史！”林罗胜叔叔说，因为职业的关系，他在设计一件作品前，总会到历史典籍中寻找灵感，希望从历史的记忆里挖掘出有灵魂的作品。

林叔叔的成长，正好印证了“兴趣是最好的老师”这句话。正是对铜建筑领域的浓厚兴趣，使林叔叔始终保持着对工作的热情和投入。夏天，车间的温度本来就有点高，加上电焊的温度，有时让车间变成了一个“烤箱”，为了确保产品的质量，林叔叔蹲下来一检查就是近一个小时，全神贯注、一丝不苟，哪怕汗水湿透了衣服……

林叔叔对工作的热爱，使他在自己的事业中不断进步和成长。担任技术负责人后，林罗胜叔叔又迎来了职业生涯的一个重要节点，师从中国工艺美术大师、国家级非遗铜雕技艺传承人朱炳仁先生。能够成为大师的弟子不仅是对林罗胜叔叔的认可，也让他的能力插上了飞翔的翅膀。

在朱炳仁大师的指导下，林罗胜叔叔更加如饥似渴地学习铜雕技艺、建筑知识、加工工艺，不断地实践铜雕技艺在现代铜建筑、铜装饰装修领域的广泛应用，同时拓展其他金属材料在仿古建筑、装饰装修领域的应用。他不仅参与了众多铜建筑工程的建设施工，而且通过技术创新和研发，开发了多项新型铜建筑材料和工艺。

其中的一项重要贡献是开发了仿唐铜瓦。这种铜瓦可以用于古建筑修复和现代建筑中，为铜建筑提供了新的装饰材料和设计思路。此外，他还开发了铜制小青瓦、钛锌板筒瓦、钛板筒瓦等实用新型材料，这些材料都可以用于铜建筑的屋面和墙面装饰。

讲到这里，林叔叔向我们讲述了一个例子：2009年，他接到了杭州香积寺重建工程的任务，这也是他第一次独立承担这样的大型工程。“第一次总是难免有点激动，毕竟身上的责任更重了。”林罗胜叔叔回忆道。

林罗胜叔叔是这个项目的铜装饰工程的技术负责人。首次担此重任，林罗胜叔叔一方面向专家请教，另一方面从历史典籍中寻找设计思路。经过不断努力，他主持研发了装配式仿唐铜瓦，而这一产品从造型到装配工艺都是首创，还具有唯一性。

除了主持新产品的研发，林罗胜叔叔还要负责与建筑设计院沟通、绘制下料图纸、现场安装图，指导生产和现场施工，进行各种构件的试样试验。“那段时间很忙，不过当工程完工，看到自己的作品耸立蓝天白云下，我心里面非常自豪，也感觉为自己的热爱辛勤付出是值得的！”回忆起当时的情景，林罗胜叔叔笑着说。

除了在材料方面的贡献，林叔叔还对铜建筑工程的设计和施工有着深入的研究，并积累了丰富的实践经验。他能够将传统工艺与现代技术相结合，通过精益求精的工匠精神和创造性的思维，将每个铜建筑项目都打造得独具特色、精美绝伦。

林叔叔开发的铜建筑材料在多个项目中得到了应用：在江苏园博园紫东阁项目中，林叔叔开发了仿唐铜瓦，作为屋面材料使用。这些铜瓦经过精心设计和制作，不仅具有唐代的风格和美感，还具有耐久性和防水性能，为该项目的成功验收做出贡献。

林叔叔向我们介绍，紫东阁坐落在紫金山以东的宁镇山脉，矗立在江苏园博园一期博览园东门，与南京阅江楼东西相对、古今相望。作为地标性建筑和独有的文化标识，紫东阁融合古典意韵，韵调南北、兼蓄古今，充分体现了“中而新”“古而新”的设计理念，淋漓尽致地展现了江苏经典园林的独特风貌和精神内涵。它的建筑形态雄秀雅健，又呈现出精致内敛的特性，不拘泥于一朝一代的具体风格，呈现积淀千年的金陵文化精粹。听了林叔叔的介绍，我能想象出这座建筑的宏伟壮丽。

2021年至2022年，林叔叔主持完成新郑黄帝故里扩建项目，约2.5万平方米的铜饰面，首次应用“多重氧化退晕着色”工艺，大面积用于建筑外立面幕墙，使建筑整体气势恢宏，古朴庄严，不仅具有历史感和文化价值，还为该建筑的扩建工程增添了独特的风格和美感。

在城市公园的景观工程中，林叔叔开发了组合式铜饰面树池盖板作为树池的装饰材料。这些盖板经过精心设计和制作，不仅具有美观和实用性，还为该公园的景观工程增添了独特的风格和亮点。

林叔叔在铜建筑领域有着很高的声誉和影响力，得到了业内和社会的广泛认可。他的工作成果和贡献也得到了政府和行业的表彰和奖励。2019年，他荣获“2019年上城区劳动模范”称号，2022年被评为“上城工匠”。

林叔叔在铜建筑工程方面的独特贡献不仅体现在新型材料的研发和工艺的创新上，还体现在他对铜建筑事业的热爱和追求上。

林叔叔很注重个人成长和能力提升。2016年他参加了北京大学举办的“古建筑培训班”，取得了仿古建筑营造证书，这使得他的仿古建筑理论知识更加完善扎实。

林罗胜叔叔依然保持着爱看历史书籍的习惯。在他看来，历史典籍中关于古建筑的宝藏有很多，需要一直努力地去发现、去挖掘。“那就是一个取之不尽的灵感源泉！”林罗胜叔叔感慨道。

林罗胜还喜欢去每个城市的博物馆，他觉得这些博物馆可以告诉我们这个城市的前世今生，是了解一个城市密码的钥匙。“这里同样也是我寻找设计思路的好地方。”林罗胜叔叔笑着说。就这样，林叔叔不断地学习新的知识和技能，通过参加培训和学术交流活动，不断提升自己的专业素养和综合能力。林罗胜叔叔的成就，不仅源于他的才华和努力，更源于他的专注和坚持。

林罗胜叔叔认为，专注是成功的关键之一。在铜雕领域，需要花费大量的时间和精力去研究材料、工艺和设计等方面的问题。只有通过专注的研究和实践，才能不断提高自己的技能和水平。

林叔叔特别强调钻研精神。他说，在铜雕领域中，需要不断地探索和创新，才能创造出更加优秀的作品。只有通过深入的研究和实践，才能不断提高自己的创造力和创新能力。

不断地钻研、探索和创新，为林叔叔带来了沉甸甸的收获。

2016年，作为技术负责人的林罗胜叔叔完成了G20杭州峰会主会场铜装饰主设计，尤其是主持研发钢模顶升双曲饰面加工工艺，得到了业界的一致赞誉。

2017年，他主持研发的铜瓦——小青瓦获得国家实用新型专利，这一铜瓦既增强了防水性，又更好地还原了修旧如旧的历史风貌，同时还有效地为砖木结构建筑“减负”。据测算，安装了小青瓦的上海玉佛寺，屋顶的重量仅为同等面积琉璃瓦的40%。

2020年，他主持深化设计的“舟山观音圣坛”项目，多种铜工艺结合实施，使建筑整体气势恢宏，各细部精美绝伦。项目竣工交付后荣获“鲁班奖”。

2020—2021年，他主持完成江苏园博园紫东阁铜装饰项目，首次将高温着色工艺用于屋面铜瓦，冷着色“青绿山水画”应用于室外建筑构件。

…… ……

林叔叔说，工匠精神是一种职业精神，需要树立正确的职业观念和职业道德。他认为，在铜雕领域，热爱自己的工作，对工作认真负责、精益求精、追求卓越、注重细节等方面都是工匠精神的核心内容。只有通过不懈的努力和实践，才能成为一名真正的工匠。林叔叔是这么想的，也是这么做的。

林叔叔通过专注的研究、实践和不懈的努力，成就了自己的梦想。他的经历告诉我们：只有专注和钻研，才能走向成功之路；只有不懈地努力和实践，才能成为一名真正的工匠。

2. 学习工匠，传承匠心，做新时代的好学生(杭州市惠兴中学 张语祺)

杭州市上城区工匠林罗胜叔叔是杭州朱炳仁铜艺股份有限公司的技术负责人、公司总工。作为这家公司的技术骨干和核心人才，林叔叔在铜建筑工程的设计、施工和材料研发等方面都有很高的造诣，参与了近30个铜建筑工程的建设施工，并开发了仿唐铜瓦、铜制小青瓦、钛锌板筒瓦、钛板筒瓦等实用新型材料。林罗胜叔叔目前拥有1项实用新型专利授权，并发表了1篇论文，多次获得行业内的奖项和荣誉，作为技术负责人参建的多项工程获得建筑“鲁班奖”。

在与我们交流时，林罗胜叔叔戴一副黑框眼镜，上身穿着浅色衬衣，下身穿着深色裤子，全身蕴藏着一种品质，一种敬业爱岗、潜心钻研、精益求精的工匠精神。

谈到新时代中学生需要学习和传承工匠精神的重要性，他说，工匠精神是中华优秀传统文化的重要组成部分，是中华民族的瑰宝。习近平总书记指出，要大力弘扬劳模精神、劳动精神、工匠精神，发挥好劳模工匠示范引领作用，激励广大职工在辛勤劳动、诚实劳动、创造性劳动中成就梦想。中学生作为未来的主人翁，应该了解和传承中华优秀传统文化，学习、传承并弘扬劳模精神、劳动精神、工匠精神。

国家级非遗铜雕技艺代表性传承人朱炳仁大师曾说：“工匠精神要看

匠,里面的'斤'代表着'斤斤计较',精益求精,这才是真正的匠心精神。"林叔叔说,工匠精神是一种职业精神,对于中学生的未来职业发展非常重要。工匠精神强调对工作的专注和坚持,无论在什么情况下都要保持耐心和毅力。这对学生学习也有很大的启示,那就是要专注于自己的学业,不轻易放弃,持之以恒地努力。随着社会的发展和经济的转型,社会对人才的需求也在不断变化。现代社会需要的是具有高素质、高技能的人才,而工匠精神正是这种人才所必须具备的职业精神。中学生通过学习和传承工匠精神,可以树立正确的职业观念和职业道德,提高职业技能,增强综合素质,更好地适应未来社会的发展。

另外,工匠精神可以帮助中学生培养耐心、专注和坚持等优秀品质。在快节奏的社会中,人们往往容易浮躁和急功近利,而工匠精神倡导精益求精、追求卓越的精神品质,以及不断提高产品质量和服务水平。这对学生学习也有很大的启示,那就是要不断追求进步,不断挑战自己,不断提高自己的能力和水平,也可以帮助我们中学生保持内心的平静和坚定。这些优秀品质是助力中学生成长的重要素质,对于他们的未来发展具有重要意义。林叔以他自己举例说,由于工程项目大多是在室外,往往产品就是工程建筑,需要长期工作在工程项目的第一线,这就需要具备吃苦耐劳、有耐心、坚持、专注的品质,否则就干不下去。

作为企业的技术负责人,林罗胜深深懂得团队的力量,明白"独木难成林"的道理,他把后续人才的培养放在了自己工作的一个重要位置。"就像朱炳仁大师对我的培养,让我信心百倍地走在仿古建筑的大路上一样,企业需要更多有能力的工程师,事业才能健康地传承下去。"林罗胜叔叔说。

与其他人不同,别人是推广成功的经验,而林罗胜在技术人员中推广"错误的教训"。在他看来,一个人的工作出现了失误,在部门里进行"推广",可以让其他人不再犯同样的错误,这样错误就会慢慢消失了。

这些年来,在林叔叔的努力下,他已经为企业培养了多名项目管理人才和工程师,组建完善了工程技术部,从方案设计、模型搭建、美术设计、生产工艺技术到施工方案，形成了一体化管理模式。

创新是推动社会进步的重要力量，中学生作为未来的主人翁，需要具备创新意识和创新能力，为社会的进步做出贡献。“工匠精神可以激发中学生的创新意识和创新能力。”林叔叔说，工匠精神追求创新和创造，不断探索新的领域和可能性，这种精神可以激发中学生的创新潜能，培养出更多的创新型人才。工匠精神还强调实践和应用，将所学的知识和技能应用到实际工作中。林叔叔说，这对学生学习也有很大的启示，那就是要注重实践操作，将所学的知识应用到实际生活中，做到学以致用。

“现代社会注重分工与协作。”林叔叔说，工匠精神强调团队协作，共同完成任务。这对学生学习也有很大的启示，那就是要学会与他人合作，发挥团队的力量，共同解决问题和完成任务。

林罗胜叔叔说，仿古建筑这条路他已经走了17年，今后他会一直走下去。“我将始终追求卓越的创造精神、精益求精的工匠精神、用户至上的服务精神。”林罗胜叔叔坚定地说，这也是他的工匠宣言。

林罗胜叔叔的成才之路让我深刻认识到，在新时代，中学生更需要学习和传承工匠精神。通过学习和传承工匠精神，我们中学生可以更好地适应未来社会的发展，培养自己优秀的品质和创新意识，为中华民族的伟大复兴做出更大的贡献。

中学生怎样学习和传承工匠精神呢？“中学生应该树立正确的价值观，以社会主义核心价值观为引领，注重个人品德和职业道德的培养，增强对工匠精神的内涵和价值认同感。”林罗胜叔叔建议说，在学校参加各种与工匠精神相关的活动和课程，如劳动技能课程、非遗文化课程等，了解和学习工匠精神的内涵和价值。

林叔叔说，工匠精神强调对工作的专注和耐心，中学生应该通过培养自己的专注力和耐心，不断提高自己的学习能力和水平。

此外，中学生应该追求卓越和创新，不断挑战自己、尝试新事物，培养自己的创新意识和创新能力；刻苦学习，不断提高自己的知识水平和综合素质，为未来的发展打下坚实的基础。

“利用假期或课余时间参加社会实践活动或志愿服务，深入了解社会需求和问题，为社会做出贡献，同时也可以增强自己的社会责任感和团队协作能力。”林叔叔说，你们惠兴中学的三字校训“勤、敬、恒”，就是求学以勤，修身以敬，躬行以恒。简单来说就是勤勉、敬业、持之以恒，其实这与工匠精神是完全契合的。

“通过今天的采访，你们也深入了解了劳模工匠精神，希望你们在今后的学习和生活中，做一名勤奋的小匠人，取得更优异的成绩！”最后，林叔叔勉励我们道。

通过这次采访，我们明白了采访前的资料准备是一个逐渐了解被采访人的过程。准备资料的过程虽然烦琐、费时，但是“凡事预则立，不预则废”，可以帮助我们在采访时随机应变，圆满完成采访任务，获得更多的新闻信息。

3. 变换职业赛道，跑出人生新的“加速度”（杭州市惠兴中学　金妍伊）

在听林叔叔讲解的时候，我一直纳闷的是：这位在大学学机电的理工科男生，后来怎么变换了“职业赛道”，当起了“铜匠”？

“主要是因为爱好，我特别喜欢历史，包括历史建筑。”林罗胜叔叔介绍说，他是温州人，2004年在杭州读完大学后就进入了下沙的一家外资企业。不到一年时间，因为机缘巧合，他加入了杭州朱炳仁铜艺股份有限公司铜工程事业部，从基层做起，担任技术员，也做过驻场项目经理、工程现场管理。

林叔叔在大学学的专业与现在公司主要的业务有着一定的区别。为了尽快消除这种差别，他拜师学艺，一头扎进了仿古建筑领域，开始了他与历史为伴、与铜材料为友、与恢宏的古建筑为伍的人生历程。

他请教的老前辈是一位仿古建筑的高手，从事这个行业很多年，有着非常丰富的经验。林叔叔庆幸能向这样的高手学习，而他也全身心地汲取着来自师傅和书本的知识养分。他这种求知若渴的态度，被朱炳仁大师看在眼里。朱大师也经常对他进行指导。“我觉得那时我就像一块干海绵一样，吸饱挤干再吸饱。”林叔叔笑着说。虽然不是铜建筑专业出身，但他通过刻苦自学和勤奋实践，逐渐掌握了铜建筑相关的知识和技能。

在不断汲取营养的过程中，林罗胜对仿古建筑从一开始的陌生，到有了深刻的认识，他发现自己在不知不觉中深深地喜欢上了这个行业，心中已经把它当作可以托付终生的事业。“这份对仿古建筑的热爱，使我得到了师傅的认可和信任。”林罗胜叔叔说，师傅把他自己的手绘图纸拿给林叔叔看。要知道，这些手绘图纸凝结了师傅一生的心血，是不轻易拿出来给别人看的。

林罗胜对仿古建筑的热爱不仅打动了他的师傅，也打动了公司管理层。2009年，他接到了杭州香积寺重建工程的任务，也是他第一次独立承担这样的大型工程。“第一次总是难免有点激动，毕竟身上的责任更重了。”林罗胜叔叔回忆道。

林罗胜叔叔是这个项目的铜装饰工程的技术负责人。首次担此重任，林罗胜叔叔一方面向专家请教，另一方面从历史典籍中寻找设计思路。经过不断地努力，他主持研发了装配式仿唐铜瓦，而这一产品从造型到装配工艺都是首创，具有唯一性。

除了主持新产品的研发，林罗胜叔叔还承担着一系列任务，包括与建筑设计院沟通、绘制下料图纸、绘制现场安装图、指导生产和现场施工、进行各种构件的试样试验。“那段时间很忙，不过当工程完工，看到自己的作品耸立在蓝天白云下，心里面还是非常自豪的，也感觉为自己的热爱辛勤付出是值得的！”回忆起当时的情景，林罗胜叔叔笑着说。

“变换职业赛道需要勇气和决心，在面对新的职业领域时，我们需要克服各种困难和应对各类挑战，不断地学习和实践，才能够逐渐适应新的环境。”林罗胜叔叔说，他在工作中不断挑战自己，追求成长和进步。他积极面对工作中的困难和挑战，将它们视为成长的机会，并不断学习和实践来提升自己的能力和水平。

林叔叔说，要想获得成功，需要有明确的目标和愿景。这为他提供了持续的动力和热情。他始终专注于实现自己的目标和愿景，保持着对工作的积极性和动力。

“有了目标和愿景，需要具备积极的心态，这种积极心态可以使我在工作中始终保持积极乐观的精神状态，对工作学习充满热情。”林叔叔说，这点对同学们来说，也同样重要。始终保持乐观和自信，相信自己能够克服学习上的困难，同学们最终就会取得成功。

林罗胜叔叔开发的铜建筑材料具有很好的耐久性、安全性、文化价值和艺术感等特点，这些特点使铜建筑在建筑领域中具有独特的优势和魅力。除仿唐铜瓦、铜制小青瓦、钛锌板筒瓦、钛板筒瓦等实用新型材料外，林罗胜叔叔还开发了铜瓦、铜饰栏杆、组合式铜饰面树池盖板等多项实用新型专利并获得授权。这些材料都可以用于铜建筑的屋面和墙面装饰，以及园林景观中的装饰。此外，林罗胜叔叔还主持完成了江苏园博园紫东阁3万余平方米、新郑黄帝故里扩建约2.5万平方米等多项铜装饰工程的技术深化工作。他开发的铜建筑材料，使这些工程不仅具有实用性和耐久性，还具有观赏性和艺术价值。这些成绩的取得，正是林叔叔对自己职业的不断“筑梦”“追梦”，最终“圆梦”。

采访中，我们发现林叔叔很注重个人成长，他不断学习新的知识和技能，“只有不断学习，才能够适应不断变化的市场需求和技术发展。”林叔叔说，这种个人成长的追求，使他对工作充满了热情和动力。

说到如何实现事业成功，林罗胜叔叔还强调了工匠精神的重要性。他说，工匠精神包括热爱自己的工作，对工作认真负责、精益求精、追求卓越、注重细节等方面。只有通过不懈的努力和实践，才能成为一名真正的工匠。“在任何职业领域，只有具备了工匠精神，才能够创造出更加优秀的作品、产品。”他说。

采访中，林罗胜还分享了自己的人生经验。他认为，人生就像一场马拉松比赛，需要不断地奔跑和追求自己的目标。在这个过程中，我们需要保持积极的心态和行动力，不断地学习和成长，才能够取得更好的成绩。

林罗胜叔叔的职业发展让我深刻地认识到，变换职业赛道并不是一件容易的事情，但只要我们勇敢地迈出这一步，就能够跑出人生新的“加速度”。未来当我面临职业选择时，我将以林叔叔为榜样，保持积极的心态和行动力，不断学习和成长，为自己的人生赢得更加美好的未来。

一片冰心在青瓷，千年传承敬匠人

——杭州中学学子专访梅红玲

梅红玲，浙江龙泉人，民盟盟员、浙江省陶瓷工艺美术大师、第二届丽水人大代表、第三届丽水市政协委员、浙江省女企业家协会理事、浙江省国际经济交流协会理事、浙江省劳动模范、中国工艺美术学会会员、全国古陶瓷专业委员会委员。先后被评为龙泉市第二届十佳巾帼创业标兵、“龙泉十佳”青年创业标兵、浙江省巾帼创业带头人、全国乡村青年民间工艺能手、改革开放30周年十佳浙商女杰、丽水市创业创新十佳魅力女性。

“梅”独屹于寒霜，守青瓷之文化

皇山麓，西湖畔，“梅香居”，一座青瓷艺术馆坐落于此。“梅香居”是龙泉青瓷传承人梅红玲大师的私人艺术馆。每一件作品，都是其心水之作。其祖父梅福太是龙泉近代著名的青瓷专家和陶瓷实业家，父亲梅云平曾担任龙泉市国营瓷厂总厂厂长。从小在瓷土堆里长大的梅红玲，对龙泉青瓷有一种不解的情结。工匠坊陈列厅摆放的各式各样的青瓷作品深深地吸引了我们。它们身上的青色如无边天色，又如无际海色，优雅温润，好一个“清如玉，明如镜，声如磬”。

工匠坊

梅老师从展柜上拿起一件作品给我们讲解，这阳刻和阴刻的“蝶恋花”作品，凸起的荷花、凹陷的蝴蝶栩栩如生，发出温润的光泽。青瓷器是土、水、火相互融合的产物，这不仅是一门材料科学，还涉及热工科学，更离不开匠人的专注与工艺技术，材料与温度、火候、时间等相互影响又相互作用，每一项失之毫厘，结果则差之千里。制泥、拉坯、阴干、雕刻、施釉等72道工序，道道不容错，烧窑靠的不是运气，而是严谨的科学和工艺。

从梅老师的作品中，我们感受到她“痴迷、大胆、坚韧”的工作特点，“择一事，专一心”正是梅老师身上体现的工匠精神。

1. 与青瓷，有着一段不解的良缘

如果说中国陶瓷之都是景德镇，那么中国青瓷之都便是浙江龙泉。这是梅红玲大师的家乡，也是我的家乡，龙泉那独特的历史文化韵味，滋养这里生活的每位龙泉人。“天青色等烟雨，而我在等你”，淅淅沥沥的小雨，青灰的石板路，制窑厂上的烟囱飘出缕缕青烟，空气里弥漫着陶土的焦香味，这便是龙泉制瓷人的日常生活。在过去，生活在这里的祖祖辈辈一直传承着这份手艺，让陶土经历千度的高温，沉淀了岁月与时间，在天青色的瓷器中呈现。

走进她的工作室，一幅淡雅的画卷铺展开来，一件件陶瓷展品整齐地排列在展柜中，这是她的家族魅力，是她们家族代代相传的龙泉青瓷。

从她的祖父辈开始，龙泉青瓷就和她们家有了千丝万缕的联系。祖父梅

福太是龙泉近代著名的青瓷专家和陶瓷实业家，是民国年间龙泉青瓷界的传奇人物。他既是艺术大家又是经营大师。到解放前期，梅家已然发展成为龙泉最大的几家瓷器行之一。公私合营中，他又率先响应，成为第一家合营企业。

她的父亲梅云平曾担任龙泉市国营瓷厂总厂厂长，1957年，周恩来总理批示恢复青瓷生产。50多年来，龙泉青瓷又重新踏上复兴之路，而在这复兴之路上，自然少不了梅红玲父亲梅云平的身影。梅云平一生从事青瓷的创作和经营。从小在瓷土堆里长大的梅红玲，在长辈的耳濡目染下，对龙泉青瓷有着一种不解的情结。青瓷情结已然成为家族的基因。传承好龙泉青瓷传统技艺，发扬光大青瓷文化，是她一贯的志向。所以她在初中毕业时，选择河北轻工业学校（现华北理工大学）陶瓷美术专业就变成了一件自然而然的事情。

从河北轻工业学校陶瓷美术专业毕业后，她走上了与祖辈同样的路，她先被分配到龙泉艺术瓷厂，后进入龙泉青瓷研究所设计室。1999年原单位

梅红玲（绘：杭州弯湾托管中心一位爱画卡通人物的“猪猪女孩”——子怡）

倒闭后，梅红玲与父亲创办了浙江天丰陶瓷有限公司。她沿着“继承传统，发扬创新”的道路，潜心青瓷新产品的研究、开发和制作。为了提高创作设计水平，她积极参加相关学术研讨会和各类全国性会展，与其他门类的陶瓷同行切磋技艺，不断提高自身的艺术修养。

但如今的龙泉制瓷业逐渐被新兴的化工业代替，越来越多的龙泉本地青年走出龙泉到外地工作，能够独守一隅继承这门手艺的青年少之又少，青瓷文化也逐渐消失在了人们的视野中。梅红玲大师在坚守原龙泉瓷厂的基础上和父亲不断开拓创新，将瓷厂翻新重修，这里成了如今的“中国青瓷小镇”。她成立企业吸引当地民众入厂工作，在疫情期间开展直播带货，既推动了地区发展，又重新燃起了龙泉人对于青瓷文化的自信。她就像一位使者，将青瓷文化从过去引向现在，让古老的灵魂在新时代涅槃重生。作为龙泉人，我为她继承青瓷技艺、宣传青瓷文化而自豪，为她对青瓷文化形式进行改革创新而感到敬佩，为她通过传承青瓷文化的方式帮助龙泉人民脱贫致富而骄傲！

2. 为青瓷，做一些锦上添花的事

让传统工艺“活起来”。梅红玲的母亲是国家级非物质文化遗产——剪纸项目的传承人，她从小就受到母亲的熏陶，对非遗产生了浓厚的兴趣。

让文化遗产“走出去”。梅红玲始终相信，优秀的民族文化是中华民族的灵魂和根基，是民族创造力和凝聚力的重要源泉。在她看来，保护、传承和弘扬中华民族优秀传统文化是一个民族的希望。她将继续坚守着传承和弘扬优秀民族传统文化的责任与担当，通过努力让梅氏青瓷走向世界。

让非遗“活”在当下。梅红玲深知，非遗不是在博物馆里的文物，而是存在于当下人们的生活中。于是，她让非遗“活”在当下，将非遗资源与文化创意、旅游产业相结合，让非遗“活”在当下。作为龙泉青瓷烧制技艺传承人，梅红玲将传统手工艺与现代设计相结合，将其设计成一件件精美的工艺品，实现了非遗产品从传统向现代的转化。在她的推动下，龙泉刺绣、铜雕等众多非遗项目走进了越来越多人的生活。仅2021年春节期间，就有3万多名游客

梅红玲给学生讲解

前来龙泉参观非遗文化和旅游，带动消费，金额达400万元。不仅如此，梅红玲还利用网络平台吸引年轻人关注和参与非遗保护工作。通过网络直播、短视频等形式，她将传统手工艺与现代生活相结合，让越来越多的年轻人了解和关注到非遗文化。

非遗保护，她一直在路上。2018年，梅红玲与好友刘红丽、张艳红、张颖、王红丽共同发起了"中国非遗·梅红玲工作室"，专注于非遗传承与保护。她认为，只有唤醒大众对非遗的了解和热爱，让非遗项目"活起来"，才能更好地传承下去。

从2018年7月至今，梅红玲和工作室的成员们通过开设线上直播、抖音账号等多种形式推广非遗文化，累计吸引关注人数超过16万人。同时，她们还开办了非遗手工工坊和非遗文化创意馆，积极带动当地就业。

梅红玲从一名普通的乡村女教师，成长为一名优秀的非物质文化遗产传承者，她的成功之路并非一帆风顺，也不是一蹴而就的。这条道路上的艰辛和困苦是常人难以想象的，但梅红玲在这条道路上坚持不懈、辛勤耕耘。

她始终不忘初心，牢记使命，她不断创新，不断学习，通过不断地学习与探索，让她在传承非遗文化上取得了不俗的成绩。

梅红玲在乡村振兴中所做的努力是一种社会责任，更是一种担当。她让传统文化得以传承和发展，也让乡村变得更加美丽。同时，也让非遗文化得到了更好的保护和传承。她用实际行动为我们树立了学习榜样，值得我们学习和借鉴。

3. 为生命，在青瓷中诠释至美

梅红玲阿姨说，龙泉青瓷的颜色是最美的颜色，有天空的蓝，也有湖水的青，永远看不腻。走进梅红玲阿姨的作品陈列室，犹如走进一个满目青翠组合的大千世界。

在中国瓷界，梅红玲以“痴迷、大胆、坚韧”的特点让人印象深刻，她的作品不仅充满艺术之美，保留了青瓷原有的美，而且与时俱进，勇于创新，结合时代精神，饱含了中国人的文化自信。

2008年，北京奥运会让全世界华人华侨为之振奋。历经一年多的探索，梅红玲成功烧制出青瓷《鸟巢》作品。这件青瓷《鸟巢》，以北京奥运会场馆

梅红玲的作品

“鸟巢”为蓝本，器形外凸、内陷、中空，直径30多厘米，用传统青瓷的技艺彰显中国风采，釉白色的光滑表面上毫无瑕疵，俨然一个真的鸟巢，形似又神似。《鸟巢》见证了中国的复兴，增强了中国的自信。然而在此之前，她已烧制了30多件“鸟巢”作品，均达不到设计要求。经反复实验，终于攻克难关。昙花一现，却等待了整个白昼；蝉鸣一夏，却蛰伏了好几个四季，没有坚定的意志，没有不懈的努力，就没有《鸟巢》的成功，梅红玲对青瓷技艺的不懈追求，使她从2000年以来便与父亲坚守在原龙泉瓷厂的旧址上，在继承龙泉青瓷的基础上不断开拓创新，让龙泉青瓷在新时代也能焕发新的光彩，使更多人体会到传统的魅力。

池岸一色，水天如画。这是梅红玲女士2013年的作品——《莲池》。曲线柔和，层层相叠，池岸厚重而不失轻灵，丰满中尽显端庄。深浅线条交叉，如水面泛起波澜，静中鲜活亦存。岸中的池面便低得多，嵌在池心，于岸沿垂直而落，层次分明，美感质感相融，颇有浮心沉静之感。四周投下的阴影间，池心的光晕便显得更夺目了，但却并不突兀，灵气更生。一盏玉莲，盈盈自开于涟漪，水波不兴，淤泥不染其圣洁，俗尘不覆其高雅。在周遭涌动浑浊的世界里，它像是脱俗坚贞而看淡繁华的过客。戏幕起落，一生而已，唯不堕于纷扰，始不负于心。

梅红玲女士笑意盈盈望着这一池净水时，我便从她眉眼中窥见何其相似的一株白莲。如今时代，诱惑太多，声色犬马，多少人以金钱利益为终生追求。坚守青瓷工艺有多难，她定是最了解。收入微薄，还不被许多人理解，可她始终在自己的位置，几十年未曾改变。如这莲池中的莲一般，纵使时代更迭，身处之地浪潮汹涌，依旧岿然不动，遗世独立而芬芳。

梅红玲女士与青瓷相依相伴，那几抹陶彩，既是她一生的写照，又是长久的传奇，如万顷星河，永熠生辉。

教育传承非遗文化，共同富裕建设中华

新时代，各行各业的高技能人才不断涌现，新一代“工匠们”传承书写着诗画江南、精工制造的精彩篇章。杭州中学记者团在上城区总工会打造的打铜巷工匠坊梅红玲青瓷馆，有了别样感触。

1. 一潮浪涌一朝赴（杭州中学　陈威廷）

梅红玲出身于青瓷世家，她的祖父梅福太是龙泉近代著名的青瓷专家和陶瓷实业家。从小在瓷土堆里长大的梅红玲，青瓷情结已然成为家族的基因，所以在她初中毕业时，选择河北轻工业学校（现华北理工大学）陶瓷美术专业就变成了一件自然而然的事情。在梅红玲的人生定位中，青瓷就是她的生命，艺术创作就是她生命的灵魂。

龙泉窑在南宋时烧制出了晶莹如玉的粉青釉和梅子青釉，标志着龙泉青瓷达到了一个巅峰，此后在艺术上超越南宋成为一代代龙泉青瓷艺人的梦想。2008年，梅红玲成功烧制出青瓷“鸟巢”作品，就技艺而言，梅红玲也达到了艺术创作的第一个高峰。梅红玲把自己突破之路上的求索分为三个阶段：闭关清修，对话大师，感悟自然。后两个阶段被一位法国艺术家形象地称为背着“中国”（china，陶瓷）去旅行。要提升人文内涵，向国学和美术、书法大师学习是最好的方法，因此，梅红玲经常带着自己大箱的作品，天南地北、国内国外地去跟名家们对话。通过这些对话，梅红玲在不断完善自己的同时，作品的韵味也益发深厚。

从2011年至2021年她沿着“继承传统、发扬创新”的道路，潜心研究南宋官窑，不断创作出青瓷佳品，为龙泉青瓷打出名声。

在多年的工作实践中，梅红玲走在行业的前沿，不断开发创新，掌握当代中国工艺美术的基本状况和发展趋势，把各门类的艺术手法与青瓷艺术相结合，融会贯通，进行创作；掌握陶瓷各种技艺，工艺流程，尤其在刻、划、堆、雕、造型、装饰、雕塑上实践多年，作品风格清秀、典雅。设计制作了不少

艺术瓷、日用瓷，取得较好的经济效益和社会效益。

2. 一脉骨血一生传（杭州中学　陈卓熙）

《南海观音像》身姿飘逸、面相丰满慈祥；《孔子》温而谦恭、威而不猛；《周恩来》神态自然、眉宇间怀着大国的忧患；《邓小平》笑容满面，带着一股春风，指尖点燃着一根烟，方寸之间，却是几代人的一脉相承，是对青瓷工艺的坚守与继承，更是日夜雕琢的心血所在。

而这些精巧之作，便出自梅红玲女士。她出身于青瓷世家，祖父梅福太是龙泉近代著名的青瓷专家和陶瓷实业家，父亲梅云平曾任龙泉市国营瓷厂总厂厂长，从小在瓷土堆里长大的梅红玲，对龙泉青瓷有一种不解的情结，长大后她毅然选择了河北轻工业学校陶瓷美术专业，毕业后，梅红玲一直从事青瓷新产品的研究、开发和制作。并在继承传统的基础上，不断大胆创新，取得了丰硕的成果。

在如今的时代，许多文化于世俗之流中隐没，传承者寥寥无几，而梅红玲依旧坚守着自己的一方"青色"。这一团窑火间，寄予了一代又一代制瓷人的赤诚与热爱，而梅女士则以自己的一生，去延续火苗。青瓷已经融入了她的生命，倘若将其人格化，那这龙泉青瓷，便是梅红玲的知己与追寻，她所传承的不仅是一门手艺，更为一脉骨血。有一句耳熟能详的话，叫热爱可抵岁月漫长，除背负代代人的期望之外，她更是为此倾注了热爱，青瓷于她，恰似一对相互厮守的伴侣，难舍难分，终其一生，去诠释对龙泉青瓷的深沉的爱。

"一脉骨血一生传"，新时代，对中华文化传承的重视在不断加强，而正是如梅红玲一样的传承者，将文化一脉相承，发扬光大。

青瓷悠悠，窑火千年。跨越历史长河，迈向新的未来！

3. 一腔热诚一绽花（杭州中学　陈怡诺）

做瓷颇为不易，亲自动手，才真正体会到制瓷的辛苦。每次拉坯、修坯做完指纹都磨没了，手指磨掉一层皮，常常渗出血丝。尤其是冬天，陶坯湿而冰冷，每天摸泥巴，手冻得裂口子，很疼，但因为喜欢，她坚持了下来。择一事，终一生。因为老师们的指点，因为自身对青瓷的钟爱，因为多年来的辛勤创作，她为龙泉青瓷创作发展注入了一股新的清流、新的活力。她往往能在打破传统框架中，寻找出呈现实用性、艺术性，富有创意的完美青瓷佳作。她的青瓷雕塑作品，拥有饱满瑰丽的创作风格、洗练圆熟的雕塑手法，艺术作品也聚焦于文人气质、世俗情趣、中华传统文化等，具有物质和精神的双重文化特征，给人带来强烈的视觉效果及心灵震撼。30余年来，梅红玲取得省部级和地市级荣誉相关资质证书10余项，主持参与省部级科研项目8个，发表专业学术论文10余篇。作品荣获国内、国际陶瓷评比40多个奖项，30多件作品被各大艺术馆、博物馆收藏，多件作品被阿根廷国家美术馆、巴黎赛努奇亚洲艺术博物馆、巴塞罗那毕加索博物馆收藏。

她说"唯有热爱可抵岁月漫长"。热爱不仅是一种心态，更是一种状态，还是一种坚持。成功时，纵情长歌举杯乐；失落时，永不言弃再出发。因为热爱，才能体面地与苦难握手言和；因为热爱，才让坚持和努力有了意义。而生活，从不会亏待保持热爱之人，你只管步履不停，追光而行，不期而遇的惊喜总会水到渠成。追风赶月莫停留，平芜尽处是春山。

4. 一指舞转一心凝（杭州中学　施怡然）

一只直径约40厘米的粉青玉盘，釉层光滑、细腻、晶莹；色泽清新、淡雅、自然，如同春天的清水洗过一样，闪着淡淡的青光，十分干净透亮，触之如有凉润之感。盘中那点绽放得飘逸而舒展的白莲，胎色洁白，亭亭玉立于一汪盈盈碧水间。在皎洁的月光下，在轻柔的微风中，恍若一个孤傲的小白仙，在翩翩起舞。让人不由自主沉浸其中。这是梅大师的代表作之一，也是她青瓷作品风格的一个细致体现。在青瓷路上，她一直有着自己的志向，并不断打磨自己的技艺。为提高创作设计水平，她有机会就会参加相关学术研讨会和各类全国性会展，与其他门类的陶瓷同行切磋技艺，与各种艺术家面对面接触，提高自身艺术涵养。同时潜心青瓷新产品的研究、开发和制作。在确定主攻方向后，梅红玲展现出其大胆的个性。创作追求技艺多重并用，作品造型独特而不失清雅，传承着明如玉、声如磬的创新而引发众多媒体关注。

30年来，她不断雕琢自己的作品，不断改善自己的工艺，享受着产品在双手中升华的过程。她对细节有很高的要求，追求完美和极致。这就是“工匠精神”，一种爱岗敬业的态度，一种一丝不苟的责任，一种精益求精的执着。“没有一流的心性，就没有一流的技术”，梅大师巧夺天工的作品和她一生追求卓越的事迹中体现出来的就是格物致知、正心诚意的生命哲学，也是技进乎道、超然达观的人生信念。在对梅大师美好器物、超凡品质的主动追寻中，我们感受到工匠精神的真正内涵，那就是心系传承，醉心其中，茫茫瀚海，一苇以航。

以法惠民献公益，霞光照亮群众心

——杭州中学学子专访兰艳霞

兰艳霞，杭州市劳动模范，现任浙江五联律师事务所专职律师。兰律师系经济法硕士、五联合伙人、杭州市律协律师调解专委会副主任、浙江省律师协会特邀撰稿人、浙江省发明协会法律援助委员会专委会常委、浙江金融法学研究会及浙江律师法学研究会理事、杭州市总工会2018年度“优秀志愿者”、杭州市律协2011年度“新星奖”获得者、杭州市中级人民法院特邀调解员、西湖区人民法院2015年度“优秀特邀调解员”。2019年以来，她作为“律师进社区”的社区律师，持续担任北落马营社区、塘子堰社区及馒头山社区的社区公益服务律师，通过社区值班、社区公益讲座、免费法律咨询等为社区居民带去了法律知识、解决了法律问题。

法学长传，“霞”光四射

在秋日的阳光下，我们杭州中学的小记者团踏足大名空间，拜访了杭州市劳动模范——兰艳霞律师阿姨。她，一个平凡而又不平凡的社会公民，用实际行动诠释了何为“律师服务社会”的宗旨。

我们一走进事务所大门，就看到整面墙都是各种牌匾、奖杯、证书，这让我们一下子感受到满满的社会荣誉感。兰律师是浙江五联律师事务所合伙人，同时兼任五联劳动人事合规业务部主任。在十多年的执业生涯中，她始终以专业反哺社会的态度和精神，积极投身于公益事业。

兰律师给同学们讲述了一些真实的案例，有劳动合同纠纷、农民工讨薪纠纷、伤情纠纷等，她还介绍了一些律师的工作流程。让同学们印象最深刻的是兰律师谈起利用自己的专业知识帮助一位由工伤导致六级伤残的劳动者争取到属于自己的合法权利和赔偿的案例。通过这个案例，我们了解了律师这个职业的魅力，认识到律师的特质是严谨、自信、用心。他们往往西装革履，侃侃而谈；深入百姓，积极普法；帮助弱者，维护正义。

“能跟我们七年级的中学生分享一下您的工作流程吗？”

兰律师告诉同学们，她的工作流程大致包括处理文件、查阅相关背景资料、见当事人、开庭初审等步骤。同时，她也会在空闲时间参加各种讲座，为同行进行演讲帮助。

“您认为工作时最快乐的事情是什么？”

兰律师告诉同学们，当律师本身就是一件很有趣的事情，可以帮助他人，这就能令人感到快乐。这种为民奉献的精神深深地感染了我们。

兰律师认为律师不应仅是市场的律师，更应该是社会的律师。她在2022年3月开设了工作室，并将公益法律服务作为工作室的重要内容，持续组织更多力量为社会提供公益服务。

“您当初为什么会想到这么做？”

学生向兰艳霞献花

兰律师亲切地告诉我们，虽然公益法律服务没有收入而且还很烦琐，但是能够为百姓们服务，解决他们的困难，因此担任社会公益律师是一种重要的为民奉献的职责。

兰律师不仅在法律尊严的坚守上有着出色表现，也在对公平正义的追求及对律师事业的忠诚上展现了一名新时代律师的劳模风采。

1. 以专业立足，以细节取胜

兰艳霞律师系经济法硕士，二级律师，毕业于中央民族大学，是浙江五联律师事务所合伙人、劳动人事合规业务部主任。

她擅长于银行、企业投融资（IPO、VC、境内设立外商投资企业、境外投资），公司、合同、劳动等民商事领域业务，先后服务于花旗银行、国家开发银行、比利时联合银行等多家银行，并常年为A&M（安美金融集团）、贝因美、赛丽控股、绿盛集团等多家知名大型企业，以及省级报刊提供法律顾问服务。

兰律师在学术方面颇有成就，除发表多篇论文外，2019年，浙江工商大学出版社出版了她与沈敏丽合著的《律师手记》，对她亲身经历的股权代持纠纷案、商业秘密保护案、跨境合作项目商业谈判案、债务危机企业处理案、企业投融资项目等进行陈述及细致分析，以案例为基础，对法律和财务关系、法律和税务关系及法律谈判、律师应具备的系统性思维等进行了论述，为其他法律专业人员处理相关法律事务提供思路及参考。

《律师手记》是一位资深律师以多年来接触过的真实案件为原型，经过艺术加工而成的律师手记，相比于许多同类书籍，本书的特点在于，其中的一些文章，贯穿案例、法律规定、法律思辨等元素。《律师手记》以一位职业律师底层审视下的人间世情，教科书式讲解案件全貌，每个故事背后都是一个巨浪滔天的人生，为很多种人生做出精彩辩护，人人皆可掌握律师思维。这本书是一本关于人生感悟的随笔集，兰女士通过温婉、清新的文笔，使得这些冷峻、生涩的元素变得亲切、流畅，从而令读者既习得了法律知识，又领略了寓意深刻的人生道理。

无论是平时工作时严谨求实、注重细节的认真态度，抑或是著书传播知识的专业实力在线，她都让我们看到了一个刻苦钻研、不断奋进的法律人的形象。

田文昌曾说："律师不是天使也不是魔鬼，律师既不代表正义，也不代表邪恶，而是通过参与司法活动的整体过程去实现并体现正义。简而言之，律师就是以依法维护委托人合法权益的方式去实现社会正义的目标。"而兰艳霞女士正是这样一位律师，以专业立足，以细节取胜，宣传法律知识，发扬社会正义。

2. 以热爱为杆，社区志愿行

在2022年4月26日，杭州市庆祝"五一"国际劳动节暨劳模表彰大会在杭州市职工文化中心隆重举行。300人被授予"杭州市劳动模范"荣誉称号，兰艳霞律师正是其中的一位。

精神的力量是无穷的，兰律师多次作为志愿者为浙江省法律援助中心及浙江省高级人民法院提供律师值班咨询活动，在一次次看似"付出和回报不成正比"的公益活动后，让她坚持走下去的是心底那份对法律事业的热爱和那颗炙热的初心。

在十多年的执业过程中，兰律师始终以专业反哺社会的态度和精神，积极投身于公益事业。在杭州市总工会职工维权帮扶中心（现服务中心）开设有“兰律师维权门诊”，作为职工娘家人帮助职工法律维权，解答的法律咨询数以千计。兰律师认为，律师不应仅是市场的律师，更应该是社会的律师。2022年3月，延续“兰律师维权门诊”，兰律师开设了兰律师工作室，并将公益法律服务作为工作室的重要内容，持续并组织更多力量为社会提供公益服务。每年平均办理法律援助案件10余起。多次被工人日报、浙江工人日报、杭州日报等媒体报道。

心怀热爱，坚守岗位。兰艳霞律师自执业以来，坚持“律师服务社会”宗旨，长期参与“律师进社区”活动，为社区居民、劳动者等提供各项公益法律服务。近年来，兰律师年均值班不少于100次，提供法律咨询不少于200人次，服务内容涉及百姓日常生活相关的各方面法律事务。疫情期间，兰律师又组织团队成立“企业复工劳动法律公益服务群”，助力企业复工复产，保障职工合法权益。“点点服务总可以照亮社会。”兰艳霞如是说。对法律尊严的坚守、对公平正义的追求、对律师事业的忠诚，兰律师展现了一名新时代律师的劳模风采。

兰艳霞律师用一个个鲜活有趣的法律故事阐述着公益法律服务意义及乐趣。倡导我们做一名遵纪守法的好公民，同时要努力学习、掌握本领，为社会贡献自己的力量。在我们心里播下了法律信仰及公益种子，增强了青少年“知法、守法、用法”及“用法律服务国家、服务社会”的法治意识，弘扬了社会主义法治理念。

心怀热爱，志愿奉献。兰艳霞律师是杭州市总工会法律志愿服务队志愿者，免费代理了多件法律援助案件，还经常提供相关免费咨询事务，将热爱融入平时的志愿劳动；她担任了上城区多个社区的“社区律师”，为帮助大家知道、理解民法典，兰律师为工会和老师提供了民法典热点等方面的讲座，用热爱传递法治意识，建设法治社会；她热心公益，不把公益法律服务看作对时间的浪费，而是一种为人民服务的机会，更是她对法律热爱的一种实践。

作为新时代的团员，我们应积极学习劳模兰律师以热爱为标，以志愿为行的精神，热爱劳动，热爱学习，积极投身改革开放和社会主义现代化建设，尽快实现社会主义现代化和中华民族伟大复兴。

3. 以关爱搭建公益愿景，以热爱浇筑时代繁花

2022年，亚运会筹办正如火如荼地进行，兰律师作为杭州律师服务亚运会亚残会志愿团的一员，通过志愿法律服务方式，从法治层面为杭州亚运会的筹办和举办保驾护航。在亚运会召开之时，兰艳霞律师作为上城区总工会和南星街道的亚运志愿者，参加了亚运消防检查和开闭幕式远程集结点的志愿服务工作。为这场精心筹备、完美演绎的盛会，默默地奉献爱心。

2023年5月，杭州对口支援帮扶合作城市阿克苏向杭州爱心人士求助：当地留守儿童需要一批文具、体育用品、衣物、书籍物资。兰律师得知后，立即参与了向英阿瓦提乡边防派出所所在地留守儿童捐赠爱心物资的公益活动。活动中，兰艳霞律师的捐款用于“蒋金海爱心车队”向新疆阿克苏地区运

兰艳霞接受学生采访

送慈善物资，为孩子们送上了一份“六一儿童节大礼包”。

“作为一名律师，我们应该积极加入各项公益服务中，用专业服务社会，服务人民。能用所学为社会做点事情，是非常有意义的，也是非常开心的事情，这也算学有所用。”兰律师将有限的生命无私奉献给人民，将无限的情感真诚奉献给国家。“每一粒微尘都有自己的能量，无数的微尘汇聚成一片光明”，正是千千万万像兰律师这样默默奉献的工作者，才成就了当今之中华盛世。我辈青年，当以他们为榜样，努力学习，立志成才，矢志奋斗，甘于奉献，为祖国的发展注入新鲜的血液。

学生感悟

点点服务总可以照亮社会，点点爱心可以帮助老百姓，兰律师展现了一名新时代律师的劳模风采，给我们新时代的好青年树立了好的榜样，我们也要向兰律师学习，用自己的力量去帮助更多人。听一听杭中学子的心声吧！

1. 以楷模为镜，正自身衣冠（杭州中学　陈之俣）

以楷模为镜，正自身衣冠，需秉持“百尺竿头思更进”的自强精神。常言道“吃水不忘挖井人”，回望来路，一代代有志青年以楷模为镜，接续奋斗，砥砺前行。兰律师植根基层，深耕民生，积极为人民服务，将青春和事业都奉献给了法律。她以模范的姿态，绽放出奋斗不息的精神意志。我们新青年亦将在漫漫人生中不断自我锤炼，以“不待扬鞭自奋蹄”的奋发精神自强不息，积极进取！

以楷模为镜，正自身衣冠，需坚定“人生万事须自为”的实干担当。兰律师几年如一日，始终无私奉献，以己作砝码，稳稳地平衡了民心之秤。先人在栉风沐雨中书写华章，以实干兴邦之思想，刻下中华民族复兴的历程；后辈以其为镜，正自身衣冠，绽放脚踏实地的实干精神。我们新青年必将铭记奋斗历史，担负未来使命，在实践过程经风雨、见世面，以“逢山开路，遇水叠桥”的姿态绘出国家的宏伟蓝图！

以楷模为镜，正自身衣冠，需永葆“踏浪前行风正劲”的进取之心。有敢做、敢为、敢拼搏的胆魄，在上下求索中勇敢前行。兰律师在普法工作中始终不忘初心，牢记使命，不畏艰难，不怕苦累，通过创新的方式维护了人民的利益，凭一腔热忱与温暖践行了法治精神。我们新青年要有敢为人先的胆量，锐意进取的拼劲，方能创出自己的一片天地！

沧海横流显砥柱，万山磅礴看主峰。我们当以楷模为镜，正自身衣冠。新时代之中国青年，要树立远大理想，担时代责任，立足当下，胸怀祖国，放眼世界，开辟出属于自己的人生疆域，筑牢兴业之基，强国之魂。

2. 勤奉献，敢担当（杭州中学　肖立沣）

如果说一个人可以为热爱而工作而非迫不得已地谋生，可以用自己所学帮助他人服务社会而不求回报，那么他足以受到人民的敬仰爱戴，但倘若他或她能够将自己的知识和精神传承给他人散播到人间，那他或她足以称得上伟大了。

这就是杭州五联律师事务所的兰艳霞律师，学识渊博，品德高尚，以国家法律为本，以客户利益为尊。以一名公益律师的身份坚守10余年，用自己的法学知识帮助无数有需要之人。而除了优秀的律师职业水平，兰律师也让人感动于她律师精神的传递。

兰律师坚持以律师服务社会的宗旨，长期参与“律师进社区”活动，不求回报地为各种各样的人提供法律服务，年均值班超过100次，疫情期间，她组织团队成立“企业复工劳动法律公益服务群”帮助企业和工人挽回损失，因此获得了杭州市劳动模范和杭州律协新星奖。兰律师总说，用法律知识服务社会，将法治知识以及律师精神传向社会让自己快乐。她也矢志不渝地走在向人间播撒爱的路上，来杭务工工人不懂得工伤待遇的权利争取，兰律师便教会了他用法律武器维护自身合法权益，也帮助他解决了困难；2019年她与他人合作出版了《律师手记》这本融入她心血的书，以亲身经历讲解经济法案例的处理，为无数法律人员提供了思路和参考。

对法律尊严的坚守，对公平正义的追求，对律师事业的传承，这就是兰律师的职业精神。我们青年团员应向她学习。所谓传承，不仅是将知识传递给他人，更是将精神播撒人间，兰律师严谨求实、细致入微的律师精神，给社会带来温暖，也使我们受到启迪，在生活中，我们要运用自己的能力，帮助更多同学，用言语和行为传播正能量、引导同学积极向善。兰律师的故事正在书写，而我们新时代青年的故事刚刚开始，尽自己所能，勤奉献，敢担当，传递正能量，这是作为团员必有的品质。

3. 楷模与劳模（杭州中学　曹晨）

兰律师是新时代律师的代表，作为一名律师，她坚持“律师服务社会”宗旨，长期参与“律师进社区”活动，为社区居民、劳动者等提供各项公益法律服务。服务内容涉及百姓日常生活相关的各方面法律事务。疫情期间，兰律师又组织团队成立“企业复工劳动法律公益服务群”，助力企业复工复产，保障职工合法权益。“点点服务总可以照亮社会”，兰艳霞如是说，对法律尊严的坚守、对公平正义的追求、对律师事业的忠诚，兰律师展现了一名新时代律师的劳模风采。

兰艳霞和学生合照

兰律师是青年一代的榜样，她刻苦专研、勤学努力，坚持做一名服务社会、服务大众的律师。她的经历丰富，涉足行业颇广，曾是浙江金融法学研究会、浙江律师法学研究会理事，浙江省律师协会特邀撰稿人，杭州市总工会服务中心特聘律师，杭州市律协“新星奖”获得者，杭州市中级人民法院、西湖区人民法院特邀调解员。

兰律师求学、就业的努力奋斗精神，值得我们中学生学习，勉励着我们中学生积极进取，兰艳霞律师以精湛的业务水平、认真严谨的工作态度获得客户的好评。先后服务于花旗银行、国家开发银行、比利时联合银行等多家国内外大型银行，荣获杭州市律协“新星奖”等。兰律师的就职经历和获得的荣誉，为青年一代树立了榜样，为我们中学生明确了更加清晰的奋斗方向。

精雕细琢“万事”利，劳模匠心“万世”传

——杭州采实教育集团学子专访沈小华

沈小华，万事利集团有限公司党委委员、工会主席。2022年4月，沈小华被中共杭州市委、杭州市人民政府评为杭州市劳动模范。

沈小华从中国政法大学法律专业毕业后，一直扎根万事利集团，现今已于集团工作19年。作为企业基层工会负责人和新时代产改工作的坚定推动者，沈小华在贯彻落实习近平总书记关于产业工人队伍建设改革的一系列新思想新论断新要求的过程中，投身于建设一支稳定的高素质的产业工人队伍，并以劳模创新工作室为抓手，建立企业内部工匠评定机制，培育职工的“劳模精神”和“工匠精神”，大幅提升了职工的综合素质，打通了职工成长的晋升通道。

以卓越成就企业，以创新弘扬文化

万事利集团成立于1975年，前身名为杭州笕桥绸厂，从创业之初至今，曾历经崎岖坎坷。笕桥绸厂从找原料、学技术、上产品、销产品，一步步突破难关，在经济不景气的情况下，硬是闯出一条路来。到20世纪80年代末，笕桥绸厂已经发展成可以染色、织印花、砂洗、制衣的综合性丝绸纺织服装企业。

不仅如此，万事利商标还在1999年被国家工商总局认定为中国驰名商标，这也是当时国内丝绸行业唯一一个驰名商标。2004年8月，万事利真丝绸被中国名牌推进委员会认定为“中国名牌”。2005年1月13日奥组委正式批准万事利集团为特许经营商，传统的丝绸产业与万事利集团在奥运会经济交相辉映，万事利丝绸从此走出国门，走向了国际。

工匠精神既在历史长河中学习传承，也同时在科技进步中探索创新。万事利不断挖掘、传承及弘扬中国丝绸文化，将传统丝绸与文化创意、高科技

沈小华展示

沈小华（绘：杭州弯湾托管中心一位爱画卡通人物的“猪猪女孩”——子怡）

相结合，在传统丝绸面料、丝绸服饰的基础上，拓展开发出丝绸文化产品、高端丝绸装饰品及丝绸艺术品三大创新领域，并通过品牌化和信息化建立新的商业模式，从产品制造走向文化创造，走出了一条丝绸企业转型升级的新路子，不仅体现了丝绸的文化价值，也实现了更高的经济价值。

以“真心”付诸劳动，以“奉献”肩负使命

河海不择细流，故能就其深。坚持，是一件很酷的事情，但同时，坚持也很难。正如沈小华自己所言：“平凡的事情反复做，困难的事情努力做。”日复一日，年复一年，在平凡的工作中，沈主席依然能用不平凡的态度实现人生的价值。这就是“劳模精神”四个字最好的诠释。

1. 前辈影响，助力劳模成长

沈小华在2005年进入万事利集团，2006年便担任工会副主席。那时候

的她刚刚大学毕业，战战兢兢地踏上她的第一个工作岗位。创始人沈爱琴女士的“六不忘”箴言，成了她立足岗位、扎根群众的信念。服务员工是她的初心，服务企业是她的本心，尽职尽责是她的责任心，助力社会是她的善心。她秉承了这“六不忘”箴言，在工会主席的岗位上向下深耕，也向上拓展。她秉持着“劳模工匠领跑”“名师带徒陪跑”“创新平台助跑”的企业规划，坚持不断地传承下去。

在万事利工作的十多年间，沈小华从担任法律顾问变成秘书，从工厂普通员工岗位到财务部门，再又回到法律部门，最后在管理部门。辗转各个部门让她体会到不同工种的壁垒，也锻炼了各方面的能力。通过对自己的超高要求，她逐渐蜕变成一位复合型人才。

劳模精神是一种匠心精神。所谓匠心，就是追求卓越，做到精益求精。同时，劳模精神是一种奉献精神，它意味着默默付出、不求回报。从创始人沈爱琴女士起，这种精神就汇聚在每一个万事利人的身上，更是存在沈小华自己身上。她把这种精神运用到她的工作中，以劳模精神作为标准，以身作则，做到多干、多奉献、多承担，以此辐射到周围的人。

“追求卓越，精益求精”，这不仅是万事利作为企业的精神，也是沈小华工会主席在万事利集团践行的人生格言。

2. 营造“家文化”，助力员工成长

从一个民营企业到现在的上市公司，万事利一直传承的就是“家文化”。沈小华作为工会主席，立足于“家文化”，让每位新的员工都配有自己的师傅，实现老带新，手把手。同时，她关注到了不同年纪、不同背景、不同需求的员工，通过创新员工制度，合理满足员工需求，让“家文化”传承，并与时代的发展相契合。沈小华回忆道：“我就是把员工的事当作自己的事，常常做员工的思想工作。以关心员工为重，对员工持最好的态度，才能让这样独特的家文化一直传承下去。”

沈小华紧紧围绕“政治上保证、制度上落实、素质上提高、权益上维护”的产改总体思路，以开展红色主题教育活动、制定《企业宪章》规范职工行为

准则、培养党员职工骨干三个方面强化职工队伍思想政治引领。通过优化职代会各项制度、建立完善产业工人晋升流通机制、加大产业工人创新扶持力度等举措充分激发职工积极性与创造力。并以劳模创新工作室为抓手，建立企业内部工匠评定机制，培育职工的“劳模精神”和“工匠精神”，大大提升了职工的综合素质，打通了职工成长的晋升通道。

在她的倡导下，上下联动，部门协作，创造性地开展工作，在智能制造、大数据、移动互联等数字领域不断发力，并以此推动产业工人队伍的结构性改革。2020年，万事利集团被上级领导部门推荐成为“浙江产业工人队伍建设改革非公企业试点单位之一”。

此外，沈主席同时担任集团人力资源总监，她围绕集团国际化的大战略发展方向，建立了更加完善的高水准创新人才培养体系。引进多名国际人才和具有海外留学背景的高学历人才，不断优化集团人才队伍结构，强化技术型人才的储备。在她的主持下，集团先后建立了多个博士后工作站，进一步加强了产学研合作，加速推动产业成果转化和市场应用。

作为专业的法律人，沈主席以万事利劳动关系调解工作室为抓手，进一步加强工资集体协商制度、建立困难职工档案、解决职工子女入学等切实帮扶举措，将劳资争议预防在基层、化解在一线、消弭在内部。她还成立了万事利志愿服务队，参与社会慈善事业，各类帮扶结对、联乡结村等扶贫扶智活动及捐款捐物价值近2000万元，被杭州市原江干区授予“春风行动爱心单位”荣誉称号。

多年来，在沈主席的带领下，集团工会工作紧紧围绕企业不同阶段的发展目标，打造充满“家文化”的和谐企业文化氛围。2020年9月，万事利集团获评“全国和谐劳动关系创建示范企业”称号。

3. 身先士卒，助力企业复工

2020年，新冠病毒疫情席卷全球。在疫情防控期间，万事利所在的区块出现一例新冠病毒感染确诊病例。沈小华需要带着1000多名员工及时进行转运隔离，防止疫情的扩散。

当时正值春节，沈主席作为工会主席身先士卒，在疫情最为严重的过年期间，放弃休假，来回张罗奔波于口罩等防疫物资捐赠等各项社会公益工作，助力复工复产，为社会抗疫做出了积极贡献。很多员工都不愿冒着生命危险前来复工，留在这里过年的员工可能也会遇到心理上的瓶颈。但她却带着一腔热血勇往直前，站在生产口罩的第一线。于是，越来越多的员工受到了鼓舞，不顾新冠病毒的威慑，日以继夜进行口罩的制作。正是靠着这种团队的凝聚力，他们及时完成了口罩的制作任务，为杭州人民的安全封上了一堵墙。然而，生产口罩的要求极其严格，每日的生产数量又十分庞大。沈小华不仅要保质保量完成口罩的生产使命，还需要召集员工复工复产。而在这种关键时期，她也不会让员工不停止地工作，设计了两班倒的模式，保障了员工的安全。

夏季来临时，万事利集团工会举办的“小候鸟夏令营”也克服了疫情期间的特殊困难，正常开班。每年一度的万事利“小候鸟夏令营”，凝聚了万事利大家庭的温暖，传承了企业文化的灵魂，也让孩子们在游戏与学习中感受到成长的快乐。2020年8月，“小候鸟夏令营”的孩子们分享着万事利丝绸文化的故事，发出了对杭州亚运的深深祝福。

对员工的热心，对企业的用心，对社会的责任心，共同组成了沈小华工会主席的那片“赤子之心”，也是沈主席工作以来所持的信念。在这条路上，她会坚定地走下去，为公司在新时代乘风破浪、创新突破做出自己的贡献。“随风潜入夜，润物细无声”，沈主席用自己的赤子之心铸就了劳模精神的典范。她捧着一颗心来，将奉献与责任的种子种在了万事利的土壤里，也种在了员工们的心田中。

一部杭州城东史，半部蚕桑丝织史。在这部历史中，最华丽的篇章无异于至今仍在谱写“艮山门外丝篮儿”传说的万事利集团，这个数十年如一日忠诚于蚕桑丝织业的传奇企业，为杭州乃至全国丝绸文化的传承和发扬光大，做出了不可磨灭的贡献。

30年的励精图治，30年的锐意进取，造就了万事利集团在中国丝绸业

沈小华和学生合照

界的辉煌，以其独具个性的文化底蕴吸引了更多的关注。新时代是追梦者的时代，也是成就梦想的时代。匠心追梦，技能报国。唯有大力弘扬工匠精神，执着专注、精益求精、一丝不苟、追求卓越，才能让劳模精神释放出璀璨的时代光芒，引领广大人民群众敬业、乐业、勤业、精业，在拼搏中不断超越自我、在奋斗中创造精彩人生，为实现中华民族伟大复兴的中国梦贡献智慧和力量。

沈主席与万事利的故事还在继续，她的劳模精神也将如点点星火，渐渐照亮每一个万事利人，也点燃了少年们内心对于劳模精神的追求，对于文化传承的使命，对于责任意识的坚持。

学生感悟

少年正值学习时，汲取精神永流传，一天的采访活动虽短，却给杭州采实教育集团澎扬中学的学子们留下了终生难忘的印象，从中汲取的精神力量值得一生为之努力。

1. 以少年之心，树文化自信（杭州市澎扬中学 裴佳淇）

2023年亚运会期间，体操明星丘索维金娜身着万事利丝绸登上了热搜。国风之美与优雅自信的丘妈相得益彰，国货万事利的丝绸再一次登上了世界大舞台。国货品牌的兴起也让我们看到了独属于中国的“文化自信”。

“没有中华文化繁荣兴盛，就没有中华民族伟大复兴。”目前中国正在以开放、自信的心态走向世界舞台，积极推动国内外文化交流活动。推动世界从文化中了解中国，同时推动中国在文化交流中走向世界。

我们相信文化有着强大的生命力，但实践没有止境，文化创新同样没有止境。文化自信为当代中国人构筑精神世界。新发展理念作为洞察中国社会现实问题和未来发展趋向的发展方略，紧扣着新时代的发展脉搏。坚定文化自信，彰显文化力量，相信中华民族的新征程一定能走得又快又稳！文化自信事关国运兴衰，伴随中国特色社会主义进入新时代，文化自信的重要性更加凸显。

作为新时代的青少年，应当培养文化认同感，传承中华民族千年文化。但反观当下有些青少年显然有些“乱花渐欲迷人眼”，随着经济全球化的发展和信息技术的提高，西方物质文化席卷全球，尤其是对发展中国家产生强势的文化和价值观输出。运用互联网等多种媒介，部分西方国家在强势的文化输出过程中，有意将西方文化包装成人类社会发展的先进文化和文明的标志，不断强化以西方文化为核心的道德评判标准，也迷惑并导致我国部分青少年对西方文化和价值观产生盲目崇拜，而对我国本土文化产生不自信甚至否定的心理，情况不容乐观。而青少年是坚定文化自信的重点人群。因此，坚持中国特色社会主义文化和社会主义核心价值观的主流地位不动摇，引导多元文化的有序发展，培育青少年的文化辨别能力，已经成为当前我国青少年文化自信建设的重要任务。万事利集团一直秉持着“让世界爱上中国丝绸”的信念，用心做好每一步，以“专注追求卓越 创新拥抱变化”为价值观，唤醒中华丝绸记忆，独具匠心。以丝绸文化作为引领，联结、坚韧、优雅。

主色调柿子红寓意柿柿(事事)如意,国潮复兴。从抽丝到织布,再到印染与绣制,展厅中的丝绸制品如同一件件精美的工艺品,不仅彰显着中国丝绸技术的精妙,更诉说着中国历史文化的变迁。万事利集团秉承弘扬中国丝绸文化的企业使命,不仅用匠心制作丝绸产品,更是通过创新,将这种传统工艺与现代科技相结合,让中国的丝绸产品与时俱进,推向世界的高格局、大舞台。从初创时期的激情燃烧,到改革春风下的逐梦前行;从引领行业发展的弄潮人,到筑就华彩一生的光辉岁月,万事利集团创始人沈爱琴用她对“人生六不忘”精神的执着演绎,为后人谱写了一条通向光明的璀璨之路。她的“人生六不忘”,她对中国丝绸的崇高愿景,对百年企业的深谋远虑,以及为人处世之道,都已成为万事利人宝贵的精神财富。

2. 弄潮儿向涛头立,风起正是扬帆时(杭州市澎扬中学　陈禹彤)

说起“浪潮”,大家或许会联想起钱塘江畔奔涌的浪花,而孕育其中的“弄潮儿精神”更是根植于浙江大地,是反映全省人民意愿、激励全省人民奋勇前进的强大精神力量,是浙江人民代代相传的精神基因。它不仅代表了活力和创新,也寓意着新时代新青年要勇敢地迎接挑战,勇往直前。习近平总书记曾评价浙江精神,要昂扬争当改革先锋的精神状态,持续强化改革闯劲、拼劲、干劲、韧劲,真正干在一线、改到实处,不断提高改革系统性、协同性、前瞻性和精准性,要在新的更高起点上再创佳绩、再作贡献、再续新篇。

“吾尝终日而思矣,不如须臾之所学也;吾尝跂而望矣,不如登高之博见也。”这次采访,让大家进一步“认识”真正的劳模偶像。当偶像走进现实,是干一行、爱一行、专一行、精一行,务实肯干、坚持不懈、精雕细琢的敬业精神;是守专长、制精品、创技术、建标准,持之以恒、精益求精、开拓创新的企业文化。我们看到了一个勇敢坚守的民营企业。种种不易,种种艰辛,才能铸就他们今天辉煌的成就,一片丝绸,拾起敢为人先的创新精神,笃定前行的坚守精神,自强不息的奋斗精神。无论对于个人,对于企业,他们的故事从来都不应该被轻描淡写。

“耳闻之不如目见之,目见之不如足践之。”大处着眼,小处着手。作为未来的拓展者，作为浙江的新起浪潮，身为青少年的我们，更需要“弄潮儿向涛头立”的勇气和魄力，“风起正是扬帆时”的心志和理想。“谦卑”“坚守”与“创新”是我们学习的关键词。

首先是谦卑，“有真才者，必不矜才；有实学者，必不夸学。”有真知的人，必然不夸自己有才能；有实学的人，必然不夸自己有学问。真正的虚心，是自己毫无成见，思想完全解放，不受任何束缚对一切采取实事求是的态度。

时代是出卷人，我们是答卷人。作为青少年，我们正处在汲取新知识的阶段，是一个不断成长的过程，更应当秉持着谦卑的精神，对知识谦卑，对师长谦卑，不要因为取得了一些小小成就就沾沾自喜，“越丰满的稻穗，头垂得越低。”越是成熟饱满的麦穗，只会把头垂得越低，而果实空空的稗子，才会在风中昂头招摇。低头是一种谦逊的态度，更是成熟的体现。青年人要做“低头麦穗”，怀揣谦卑之心，沉下心学习、俯下身实干、走下去倾听，努力锤炼真本领、砥砺新担当、展现新作为。

在我看来，坚守就是坚持自己的初心。“坚持守正，创新才有方向和依归；不断创新，守正才有活力和基础。”在学习中，我们需要坚守好自己的初心，为什么要学？为谁而学？是为了走得更远更踏实，还是为了一个有着开阔视野的未来？这是初心，也是目标，坚守目标，便需要持续的行动。无论做什么事情，最忌讳“三天打鱼两天晒网”。一个人纵有再切实的目标，没有持续的行动，无疑是空口一说，纸上谈兵，南柯一梦罢了。坚守目标，才有可能实现目标。作为青少年，更需要坚守自己内心的原则，“梨虽无主，我心有主”，可能在我们的学习生活中，也会遇到各式各样的“诱惑”和困难，我们需要更坚定于自己内心的准则，做最好的自己。万事利这一品牌之所以能够经久不衰，也正因为其在许多大风大浪中坚定初心，砥砺前行。沈主席曾提到了不忘根、不忘本、不忘善、不忘恩、不忘责、不忘情，这也成为她一生的准则。

最后是创新。学，还需创新。“变则通，通则久。”在“坚守”的领域外，我们还需要不断地拓展、创新。在此过程中，我们也需要确立终身学习的思想，以满足时代之需，以“丰富之我”做新时代发展的贡献者。沈主席对于自己的高要求让她成为复合型人才，一岗多能，从法律专业到秘书，到行政再到财务。作为学生，她在各个岗位上向不同的师傅学习；作为师傅，她遵循公司“劳模工匠领跑，名师带徒陪跑”的理念，不断突破自我，将工作称为一种快乐。这何尝不是一种创新的精神呢？纵使前方“怪石嶙峋”，也当坚强勇毅，无畏山高水长；纵使脚下“荆棘密布”，也当迎难而上，不怕荆棘丛生；纵使未来“路阻且长”，也当笃定前行，何惧长路漫漫。甘做人民的先锋，勇做社会的后盾，以永不懈怠的精神状态和一往无前的奋斗姿态，走好新时代的长征路。

而对于青少年来说，创新也在于不断学习新知识，更新学习思想，及时跟上时代的潮流学习新知，而不是所谓的“躺平”，躺在自己已有的微小成绩上。万事利集团历经风雨，获得荣誉无数，试问若是躺平在自己的功劳簿上，又怎么能获得如此长足的进步和成功呢？

世界正经历百年未有之大变局，充斥着各种不确定性和未知因素。弄潮儿向涛头立，风起正是扬帆时。牢记“谦卑”“坚守”“创新”的嘱托——站在时代潮头，迎接壮阔未来，与时代一道、同人民一起，开创更美好的幸福生活，谱写强国建设、民族复兴新篇章。

以民为本践初心，匠心筑梦共致富

——杭州采实教育集团学子专访俞建国

俞建国，浙江省杭州市上城区丁兰街道皋城村党总支书记、村委会主任，上城区人大代表。在进村工作之前，他曾是一名频繁出入火海，挽救无数生命于烈火之中的消防战士。2002年5月进村工作，十几年来，他在普通的岗位上兢兢业业，脚踏实地服务基层群众，先后担任了村里的治保主任、村委会副主任、党总支副书记，并在2020年1月被任命为新一届村党总支书记。2021年6月28日，被中共杭州市委授予“杭州市优秀共产党员”称号。

杭州市北，皋亭山脚下，有一个皋城村，村户籍人口891人，农户205户，是上城区最小的村。2008年10月31日，时任国家副主席习近平同志来到皋城村视察，跟村民们围桌而谈，鼓励皋城村走绿色发展的村庄振兴道路。自那时起，俞建国书记始终牢记总书记嘱托，始终坚持“绿水青山就是金山银山”的发展理念，毅然走上了“以党建引领为核心，建立村庄治理共同体”的道路，并以生态资源为优势，促进村级集体经济快速发展。曾经，皋城村被誉为杭州的“西伯利亚”，村里环境差，出入村子只有黄泥路可走。现在，它是全国文明村、浙江生态村、全面小康建设示范村、浙江省农村基层党风廉政建设示范村……

如果说茅家埠、梅家坞是杭州西湖群山中的景中村，那么皋城村已是杭州城郊让人艳羡的世外桃源小村庄。近年来，皋城村依托其优美的自然风光及深厚的文化底蕴，积极发挥自然经济、文化旅游等优势，以“宜居、宜业、宜游、宜文”为标准，努力改善农村生产生活环境，因地制宜，全面加快“生活品质之城”建设，深入推进全村各项事业发展，一个集休闲、观光、养生、民宿于一体，融上城传统农村风貌，精致、和谐、开放的现代化的社会主义新农村展示在世人面前。

以民为本守初心，为民纾困解万难

山坡传来几声鸟鸣，皋城村在蓝天白云的衬托下，显得格外安宁。柔和的阳光照射到皋城村的每一处角落，更给皋城村平添了几分朦胧之感，金秋九月，夏末杭城的太阳收敛了些热意，照在柏油路上，暖洋洋的。

同学们怀着激动而忐忑的心情踏上了这场采访之旅，来到杭州上城的皋城村。“你好，同学们，我叫俞建国，是村里的书记。”俞书记笑着与同学们打招呼。他身穿白衬衫、黑长裤，妥妥的一套工作服，看上去应该还年轻，三四十岁的样子。初见俞建国书记，他平易近人的态度打消了同学们心头的顾虑。

劳动模范是民族的精英、人民的楷模。俞书记一心扎根基层，人如其名，与生俱来就是要做建设国家的一分子。小小皋城村，在区人大代表、丁兰街道皋城村党总支书记、村委会主任俞建国的带领下成功“逆袭”，打造了一个新时代“共同富裕”的“乡村样本”。皋城村成为如郁达夫笔下“半堤桃柳半堤烟，急景清明谷雨前，相约皋亭山下去，沿河争看进香船”的好地方。

1. 不忘初心践使命，军人退伍不褪色

在这个充满竞争和压力的社会里，每个人都在为生存而努力。而有些人，他们的生活从出生开始，就充满了艰辛和挑战。今天，我们要讲述的就是一个婴儿在遭抛弃后，顽强生存下来的奇迹。

在一个偏远的山村里，有一户人家，生活条件非常艰苦，家里穷，养两个小孩已经是捉襟见肘了，更何况再多一个。他的爸爸妈妈就把他放在了门口的脚盆里，自己上山开荒去了，准备让他活活饿死算了。结果等他们晚上干活回来，看到脚盆里面的孩子脚还在挣扎，又觉得可怜了，就把他抱回家了。这个男婴就是现在杭州市上城区丁兰街道皋城村的劳模俞建国书记。

即使钢枪不在肩，军人本色亦不变。在他18岁时，正是到了征兵的年龄。经过了层层选拔，俞建国顺利通过了各项考核，成为了一名合格的消防兵。在军营的生活里，俞建国不仅学会了武器装备的使用方法，还磨炼了自己的意志品质。面对艰苦的训练，他从不畏惧，始终保持坚定的信念和积极向上的态度。他的特长是长跑，记得有一次10公里长跑的时候，他的盆骨裂了，半边的腿疼痛不已，按道理要卧床三个月，但他还是坚持跑完了10公里，俞建国书记这种坚持不懈的精神值得我们学习。部队里觉得他有这个特长就让他当志愿兵，他却拒绝了。放弃大好前程，选择来到了当时还很穷的皋城村。为什么要做村主任？为什么要到村里工作？俞书记的回答很简单：改造农村，为村里做点贡献。这就是为人民奉献的高尚品质，他没有忘记自己的根——皋城村，他没有忘记皋城村的老百姓。

2. 党建引领云治理，乡村振兴共富裕

村民的生活越来越好，对于村庄的发展也越来越有想法，如何更好地吸纳村民的建议，俞建国一直在思考。2019年底，俞建国向皋城村村委提出一条建议：搭乘数字化改革之风，让皋城村变得更加“智慧”。皋城村村委对这条建议十分重视。经过一系列的调试研究，2020年7月，“云上皋城”综合管

理平台上线，小到农家乐预约、大到选民意见收集反馈、租住人口信息的采集、村里三资（集体资金、资产、资源）公开，村民、游客有需求都能够在这里得到解决。此外，全村205户人家，全部安装监控、净水器；30余位80岁以上老人家里进行了适老化改造……依托城郊乡村游、数字赋能乡村治理，皋城村探索实践出一条新时代“共同富裕”的乡村路。

“云”上皋城村，“富裕”乡村路。皋城村党总支不断完善“云上皋城”数字管理平台，持续接入停车、治水、外来人口、健康、服务、养老等管理场景应用，形成“一键直达”“一屏统掌”“一网统管”的“幸福邻里”可视化场景。深化实施网格化治理体系，以村民小组为单位划分成三个网格，落实构建“1+3+N”的组织架构，并配备网格长、专职网格员、兼职网格员，并将热心村民、综治巡防员吸纳到网格治理的队伍中来。目前皋城村共发展网格力量70余人，依托村文化礼堂、党群驿站、金秋驿站、尚小驿等活动阵地，为网格团队提供议事协商、问题反馈、思想交流的平台。

针对“一老、一小”和长期患病弱势群体提升关心关爱幅度，“云上皋城”平台设置“健康养老”板块，连接“手环报警”“智慧监测”“在线问诊”等功能。村党员干部上门为全村330余位退休村民发放定制款智能腕表，腕表设置一键呼救功能，工作人员能通过云上皋城平台显示的定位，及时抵达现场，云上皋城平台还能实时监测老人的血压、血氧、心率等基本健康数据。自智能腕表进村，共处理了6次紧急事件，得到村民的一致好评。

3. 智慧改革建辉煌，潜心为民赢爱戴

皋城村依山傍水，历史悠久，然而由于地处偏僻，远离城区，皋城村多年来发展受到制约。“脏乱”的村庄面貌，“落后”的人居环境，始终是横在村庄发展道路上的一道“坎”。俞书记用20多年时间，将皋城村从一个又小又穷的村建设成了富足的新农村。这离不开他将村庄建设细化到极致，将细节落到实处，将管理做到极致。每一个村都有村规民约，但大多只在大方向喊喊口号，没有办法进行准确的判别。而俞建国书记将《皋城村村规民约》细化到45条，细化到能精准评价，弥补了以往村规民约中的一些漏洞。

他雷厉风行，说一不二。2013年，俞建国正担任皋城村村委会主任职务。当时垃圾分类的理念还没有进入每个人心中，环境保护对于村民们来说，也只是口号，并没有真正行动起来。因此村里常有偷倒垃圾、破坏环境的现象，而村里在解决问题时，也只是批评教育，并没有奖惩制度。当俞主任上任时，便决心要改掉村民这一陋习，将新农村建设的理念播种到皋城村每个人的心中。只有严加处理、从小事做起，从细节处落实，才能杜绝村民乱倒垃圾的情况。

随着“美丽乡村”的推进，村里开始了巡查工作。巡查人员在某天夜晚发现有村民在草丛边偷倒渣土，这是一件严重违规的事情，为了不被发现，该村民特意选了晚上倾倒渣土，以躲过巡查人员。俞建国知道这件事儿后，当晚就去找了偷倒渣土的村民，开出了一张有史以来最大的罚单——扣除一年的股份分红。这对于当时村民的平均收入来说，一整年的股份分红是一笔不小的收入，这笔收入也是一个家庭重要的补贴。这一把“刀”，以前谁都不敢动，现在俞建国来动了，罚单一开，整个村没人敢偷倒渣土了。俞建国不仅扣了他的股份分红，还让他把渣土清理干净，倒到规定的地方去。当然，二次清理也是需要花钱的，若是不服气，就再扣三年股份分红，扣到谁都不敢再犯。严厉的处罚制度，并不是为了针对老百姓，不是为了要处罚，而是为了引导和规范正确的行为。通过这样的引导，让老百姓在口袋富、家庭富的同时，“脑袋”也要富起来，思想也要进步。从此开始，皋城村开始了最小村的蜕变之路。

此外，皋城村在俞书记的引领下，开展了“皋城村文明户”的评选，为的是在人人争先的过程中，提高村民们的生活水平和生活品质。村里开出的“罚单”与文明户的评选挂钩。一旦发现随意倾倒渣土垃圾的现象，就取消该户评选文明户的资格，相对应的每户家庭垃圾分类的积分也就不发放了。要知道，这些积分是可以用来换取日常生活用品的，如米、油、天然气等，相当于又发放了生活补贴。通过严格的赏罚分明制度，让村民了解什么事情可以做，什么事情不能做，将皋城村村民的不良习惯改正回来。

如今,皋城村在俞书记的管理下渐渐富起来,俞书记在村民中也取得了一定的威信。大大小小的事儿,村民们都爱来找他。而俞书记的手机也是24小时开着,成了村民们的沟通热线,很多人愿意和他聊聊家长里短,愿意听俞书记给他们把关和指明方向。俞书记说:“有人和我聊,就说明有人信任我。信任我了,有些事情就可以第一时间了解到,就可以很快介入调查了。”

2023年1月,为村里到处奔波的俞书记也感染了新冠病毒。俞书记在家“抗阳”休息,晚上十一点半时,手机忽然响起。一个村民打电话来反映情况,说邻居婆媳吵架吵得很凶,希望俞书记能尽快前往解决矛盾。俞书记拖着疲劳不适的身体,特意多穿了几层衣服,戴上口罩,顶着寒风出发了,顺利解决了矛盾。这样突如其来的事,对于俞书记来说并非偶然,每天工作8个小时只是在岗时间,其他时间则是待命状态,随时准备继续上阵工作。

在皋城村新冠疫情暴发的时候,全村人要进行隔离。一户家庭可能会被隔离到不同地方。俞书记非常担忧,把村民分开隔离是一件难事,要让每个人接受分地隔离这件事儿更难。有村民焦急地问他:“书记,我们要被隔离到哪里?”俞书记无奈地回答:“我也不知道会去哪里,但是政府一定会帮我们安排妥当的,我们一家人也将分三地进行隔离。”正是因为他以身作则,处处为村民们考虑,赢得了村民们的信赖,帮助大家顺利渡过了难关。

学生感悟

今日你为皋城洒青春,明日皋城为你焕青春。今日的皋城村,景美、村富、人和,村年营业额高达4000多万元,村民人人都有股份制分红,老百姓安居乐业。美丽乡村的背后,社会基层治理久久为功。同学们和劳模工匠实现了双向奔赴,俞书记为同学们种下一颗小小的匠心之种,同学们进一步了解了劳模精神的内涵和价值,从劳模身上汲取了精神力量。让我们一起倾听同学们的心声吧!

1. 因地制宜(杭州市澎诚中学　陈礼浚)

在学校里,我有幸获得了一个千载难逢的机会——去风景如画的皋城村,采访一位伟大的劳动模范。他就是皋城村党总支书记、村委会主任俞主任。

俞叔叔根据皋城村的特色,因地制宜,谋划发展。乘着旅游开发的东风,皋城村扬帆起航,启动风情小镇建设项目,开始了与景区相匹配的村貌建设和环境整治……从道路的硬化、亮化、绿化,到家家户户喝上净化后的自来水,再到村里建起文化礼堂、停车场等,皋城村发生了脱胎换骨的变化。绿树阴浓夏日长,楼台倒影入池塘,这正是皋城村农家乐竹缘茶庄当下的写照。

近年来,农家乐火爆,互联网的力量让农家乐得到了宣传,也有很多人来到风景秀丽的皋城村。美丽的风景、清新的空气、放松的环境,可以让工作劳累的人们舒缓精神压力。2008年,皋城村的第一家农家乐正式开业,凭借着皋亭山景区的带动,农家乐的生意越来越红火。目前,全村已有30余家农家乐,这也让皋城人切切实实地感受到"两山理念"带来的经济效益,吃上了旅游饭。现在千里桃园,错落植被,水村山郭,已然成为郁达夫笔下的那个"半堤桃柳半堤烟,急景清明谷雨前,相约皋亭山下去,沿河争看进香船"的好地方。每到春天,千桃园里都要举办观桃节,村里游客如织。

"况是青春日将暮,桃花乱落如红雨。"三月份的皋城村又是一幅不一样的风景画:春回大地,万物复苏,皋城村的千桃园又重新散发出浓郁的花香。桃花绽开了笑脸,粉红色的花瓣挨挨挤挤的,像一朵朵粉红色的云彩。远看桃树婀娜多姿,微风吹过,几片花瓣缓缓飘下。近看,桃花像一位美丽的姑娘,骄傲的挺立在枝头上。四月春风和煦,来农家乐的游客很多都会来品茶。在丁兰街道皋城村的茶山上,随处可见戴着草帽、背着茶篓的茶农,这些最美劳动者瞬间成为村里一道亮丽的风景线。采茶是皋城村代代相传的农活,每年这个时候,就是村里采茶、炒茶的忙季,人群中不时出现村里企退人员的身影。"每年这个时候我们都会上山采茶。"正在忙碌的曹阿姨笑意盎然,"我们现在腿脚利索,就当锻炼身体了!"只见她穿梭于茶田之间,熟练地

俞建国在邻里食堂

采摘茶树上的嫩芽。

乡村要振兴，因地制宜选择富民产业是关键。皋城村、沿山村为行政村，依托皋亭山民俗展览中心和丰富的旅游资源，全力推进新农村建设，区域化党建侧重于“新农村建设型”，做到了因地制宜谋发展。

通过此次采访，我深刻地认识到因地制宜谋发展的重要性。俞书记身上的劳模精神是爱岗敬业、争创一流，是艰苦奋斗、勇于创新，也是淡泊名利、甘于奉献、舍己为人。这二十八字劳模精神在任何时候都需要，都不过时，是伟大时代精神的生动体现。

2. 以民为本（杭州市澎诚中学　林义钧）

景美、村富、人和，这就是我所了解的皋城村，一个农村，为什么能如此幸福呢？而在俞书记介绍的老年食堂、“青春小屋”中，我似乎找到了答案。

幸福·邻里食堂，智慧传承孝文化

“子女都不在身边，我们老两口平时烧饭嫌麻烦，就想着能有一个地方供应午餐和晚餐，方便我们老年人吃饭。”村民们的随意聊天，在俞书记那儿却都是“大事情”。左思右想后，俞书记提出了建设村老年食堂的想法。有的村民不理解开设食堂的意义是什么，也担心开设成本过高。俞书记是这样回答的：“我们也可以不开老年食堂，别的村都没有开，但考虑到村中不少家庭是只有老人在家，而他们做饭，一杯米，经常半杯米都是锅巴，做菜也吃不完，等到第二天吃剩菜剩饭。如果有了食堂，他们吃饭就不成问题了，因为老年食堂就在居民区附近，走几步就到了。”

原定为村里60岁以上的老人提供服务，在村民征求意见及沟通过程中，有人提出，年龄应该提升到70岁以上，经过讨论了解后，俞书记也同意了这一意见。

经过筹备，皋城村“幸福·邻里食堂”终于开业啦！开业当天，村子里的几十名老人脖子上挂着颜色不同的就餐卡，排起了长队，都迫不及待地想尝一尝这农村新食堂风味。厨房里的“智慧”大厨——炒菜机器人吸引了大家的注意，这个机器人通体黑色，安静地工作，看着像个“笨家伙”，却荤菜素菜都能做，最快只需要2分钟就能出餐。原来这就是降低成本的秘诀呀！

皋城村还给本村老年人发放饭补，70—80岁的老人每月能领取100元补贴，80岁以上的老人则能领取300元补贴。这不仅给皋城村老人提供了食堂的便利，还给皋城老人减轻了日常生活负担。

访谈中，俞书记还讲到了一件“小事”。食堂运营一段时间后，他组织给食堂制作并安装新的牌匾。有的人问：“原来已经有一个牌匾了，为什么还要做一个新的呢？”俞书记平静地答道：“老人的幸福感是从生活中的点点滴滴积累出来的。”

我想，这就是你把人民挂在心上，人民把你高高举起吧！皋城村，仿佛就是现实版的世外桃源啊！

“青春小屋”，延伸幸福感

“年纪大了，腿脚不方便，而且很多路边的理发店看起来好高档，大多数是为小姑娘和小伙子开的，我们这些老年人都没什么地方理发了……”，在村民走访中听到的一句话，俞书记就装进了心中。为此，皋城村开设了“青春小屋”，免费为老人们理发，把老人们打扮得精精神神的。

俞书记说丁兰是远近闻名的孝道之乡，皋城村更要营造“家有一老，如获一宝”的浓厚氛围。在皋城建设中，这些老人都曾付出过努力，让他们老有所依、提升幸福感是村委会的责任。村委会希望通过给老人们设置免费理发屋这种方式给老人传递一种温暖——昔日你为皋城洒青春，今日皋城为你焕青春，因此取名叫“青春小屋”。

“现在年轻人都不愿意把户口迁出去。城里人有的我们村里面都有，家家都通天然气，人人都喝净化水，年底还有分红。”村书记俞建国自豪地说。“但疫情之下，农家乐损失不小。这也催促着我们要转型思变。”怎样实现乡村经济的可持续发展，让更多人走进皋城，皋城村似乎有了新办法。皋城村正在开发一套智慧系统。如果你要到皋城旅游，只需打开手机就能看到这里有几家民宿、什么风格的房间、哪些好吃的农家乐，帮你把吃住行规划好。同

俞建国（绘：杭州弯湾托管中心一位爱画卡通人物的“猪猪女孩”——子怡）

时，外来人员进村住宿、务工等进行实时登记，村务公开也在上面实现，点一点手机就知道村里的收支情况……俞建国说："我们要让来皋城的人感到更舒适，让生活在这里的村民感到更安心。把村的智慧小脑打造好，那么我们的城市大脑就更发达了。"

万丈高楼平地起，天工人巧日争新

——杭州市采荷中学学子专访倪永钧

倪永钧，浙江杰立建设集团有限公司机电项目技术员。倪永钧 2002 年参加工作，2011 年取得机电安装工程一级建造师资格，参建的项目曾获多个“西湖杯”和“钱江杯”优质工程奖。2024 年 4 月，被评为“浙江省劳动模范”。

劳动创造幸福，实干成就伟业。9 月 16 日上午，采荷中学的 6 名同学有幸采访了浙江省劳动模范——倪永钧先生。

始于初心

2002 年参加工作的倪永钧，从最开始的实习生，逐渐成长为一名优秀的施工员、技术员，到现在成为公司的机电项目经理，22 年的奋斗历程为他创造了个人价值，也为建筑行业做出了不小的贡献。

是什么支撑你在这个行业干了这么多年？“就是热爱。最纯粹的热爱。我走的一直都是我喜欢的路，我有充分的兴趣和热忱。”倪永钧先生语气坚定。22年的工作，技术在变，人员在变，职位在变……不变的是那颗热忱的心。即使已经成为建筑行业的管理人员，他还是怀念刚参加工作时，不断学习，全身心投入，勇往直前的日子。他说：“我是个停不下来的人，这么多年下来，还是喜欢满工地跑，触摸钢筋水泥能让我体会到最熟悉亲切的感觉。”

采访过程中，倪永钧先生带着采中学子走进一栋正在建造的房子：“我喜欢在外面跑、喜欢在施工现场忙碌，一个项目接着一个项目做，随着一个项目接一个项目的交付，我会很有成就感。”他自豪地指着现场的工地介绍道：“你们眼前的这个楼，半年前此处还是不毛之地，现在已经是高楼大厦了，我每天在现场，看着它一点一点变高、变大，保障它的安全，这就是我的爱好和成就。”

择一事，终一生，不忘初心，方得始终。

倪永钧接受采访

成于恒心

在职业历程中，你认为天赋重要还是努力重要？“我个人认为，其实很多事情还是需要天赋的，有些工作、有些岗位是需要天赋的，比如短跑运动员等。但是，不管你有多大的天赋，还是需要后天努力才能够成功。因为我们绝大部分人都是普通人，所以说我们为了实现自己心目中的理想，必须付诸行动，不断地努力奋斗。光用嘴巴说，不去做，不去练，这是不可能成功的。”

匠心聚，百业兴。攀爬于山峦之间，建设于荒草之地的人，怎会没遇到过困难？不论是技术上的原因，还是外界施加的压力，作为团队的带领者，倪永钧能做的就是讨论、沟通和互相学习。房屋管道漏水、定点感应器设计……他们解决的问题看似细小，甚至听起来有些不值一提，但在工程人眼里，每一处问题都事关项目质量和使用者的体验。一项项计划，一次次调整，得不到满意的结果就再来。

倪永钧从小赴异乡读书，在通过艰辛努力创造一番事业后，又返身为家乡建设做出贡献。求学之苦、工作之难，并没有使他停下奋斗的脚步，他用恒心书写着自己的生命传奇。

臻于匠心

“心心在一艺，其艺必工；心心在一职，其职必举。”通往工地的小路左侧杂草丛生，右侧已林立栋栋楼房。走进尚在建造的毛坯房，倪先生细心地为同学们介绍房屋的设计、采光效果、环保材料的选择使用等利民之处。同学们看到了工人们如何利用激光把墙面造得平整，了解了如何确定楼与楼的间距，才知道平时司空见惯的高楼平地起，得来并不易。

对专业的不断追求与创新支持着倪先生跨过道道艰难险阻。他认为创新是一个永恒的主题，在社会上，作为一个个体，一个企业，没有创新的精

倪永钧与学生们合照

神，就没有竞争力。一路走来，公司不断壮大，承担的责任也变大了。倪先生在漫漫奋进路上，保持着创新的精神。在自己参与的几项技术创新中，倪永钧记忆最深刻的是2019年自己参与编辑的家庭管道感应器设计，管子是塑料管子，用久了容易堵塞，用传统的工艺不好处理。但是创新工艺，将电线伸入管道内部，就轻而易举地解决了这一难题。“长江后浪推前浪，世上新人赶旧人。”创新是永恒的主题，是民族的灵魂，没有创新只能在发展的潮涌中被淘汰。倪先生描述了他对建筑设计的理解和感悟：“设计不断创新，技术不断创新，理念不断创新。”他就如同一座始终在建造的楼，不语的时光赋予他坚实的地基，坚持和努力使他层层增高。

创新是一种力量，它可以改变个人、改变团队、改变社会，推动我们不断前行。

在采访的最后，倪永钧先生对采中学子说道：“你们是青年，青年需要有创新，更要有行动，要经历磨炼，要奋斗，要有担当。”倪先生以自己最平实朴素的语言抒发了对采中学生、中国学生，乃至中国青年的寄托。

总有一种信念要求我们追求卓越，总有一种坚持镌刻在岗位一线，也总有一种感动让你我泪流满面。一位又一位国家工程的劳动楷模为我们搭建了一座又一座丰富厚重高尚的精神丰碑，引领我们不断前进。在学习国家工程各位劳模先进事迹的过程中，我始终怀着一种敬仰的心情，感动着，感动于劳模们那一点一滴的踏实作风，感动于劳模们那辛勤劳动的汗水，感动于劳模们那无私奉献的忘我精神。

志愿精神传社会，大爱无疆满人间

——杭州市建兰中学学子专访蒋金海

蒋金海，男，2022市级劳模。杭州市上城区蒋金海爱心车队公益驿站理事长、杭州市优秀共产党员、杭州市道德模范、杭州市杰出志愿者。

劳模精神是一种精益求精的精神，是对工作的赤忱热爱，也是对细节的极致追求。当今社会，人们普遍追求速度至上，效率第一，但精益求精的劳模精神同样不可或缺。总有人坚守于一线，以实际行动践行着劳模精神，蒋金海便是这样一个人。

蒋金海是杭城一名普通的出租车司机。从业9年来，他一直保持着无投诉、无违章、无事故的出租车服务纪录；在汶川地震发生后，他在出租车上放了一个捐款箱，每天取出一部分营业款放入其中，驰援灾区；青川伤员来杭就医，他放弃生意，报名担任义务领路人；他连续6年参加高考服务车队，帮助无数考生及时赴考；他还多次以爱心接力的方式帮助外地急病患者紧急赶赴医院救治。2020年12月，蒋金海被授予“杭州市优秀共产党员”荣誉称号。2021年10月，他又被浙江省民政厅确定并通报为“2021年度浙江省社会组织领军人物”。

做一次好事容易，但22年如一日地坚持，绝非易事。蒋金海是如何做到长期坚守的呢？在采访中，他给出了自己心目中的答案——这个社会，就是我传递爱心给他，他再把爱心传递出去，这样大家就会越来越好。

“老吾老，以及人之老；幼吾幼，以及人之幼。”出租车司机的职业特殊性让蒋老师遇到很多人，也体验了世间百态，独居的老人、大山里的留守儿童、无人接送的学生……蒋老师总会忍不住去想，如果我的举手之劳就可以帮一帮他们，那么为什么不这么去做呢？带着这份朴素的想法，蒋老师和他的爱心车队先后参与了2003年非典爱心用车、汶川大地震筹款捐款、陌生人紧急抢救用车、爱心送考、为空巢老人理发等公益活动，为杭州老百姓做了很多平凡的好事实事。如今，助人为乐已成为蒋老师的一种生活习惯，深深地溶入了他的骨血之中。

坚持“从群众中来，到群众中去”的初心篇章

蒋金海爱心车队公益驿站已经成立8年多了，从一开始的寥寥数人，到现在的百来号人，每一位成员都会引领自己的家人参与志愿活动，气氛十分融洽。高考期间大家即使再忙也会抽出时间护送考生，同时也有人为考生准备文具、水等用品，保证他们以最好的状态迎接考试。除此之外，蒋金海爱心车队公益驿站每个月都会为空巢老人上门服务，为老人修补衣物，帮老人理发，带他们体检，这在爱心车队，都是常事。

在做好爱心车队的同时，蒋金海也不断拓宽自己的志愿服务的边界。他为贫困山区送去了物资等援助，组织向阿克苏当地捐赠价值11万元物资，拜托当地警局转交学校……

在几十年如一日的志愿服务中，蒋老师经历了不可胜计的印象深刻的

蒋金海接受
学生采访

瞬间，他在采访中纾徐地讲述着这些桩桩件件，眼里闪动着坚定而自豪的光芒。

1. 心之所起，以志为愿

回望来路，蒋金海的志愿服务篇章开始于2003年的非典疫情。

2003年的高考前夕，非典刚暴发不久，高考生需要车队护送，社区便组织了爱心车队。彼时的蒋金海还是一位默默无闻的出租车司机，他听闻爱心车队招募之事，内心起初是有几分犹豫和纠结的——是否要报名——这也意味着是否要做志愿服务活动，毕竟一切都是纯公益的。可是未多时，蒋金海又想到了为抗击非典疫情奋斗在一线的医护人员，也许他们的孩子也是高考生，他有什么理由不帮忙呢？于是他赶去报名，从此便走上了志愿的路途。“我当时足足思想斗争了三个多小时，去报名的时候人都快满了。”蒋金海目光灼灼，陷入了回忆，“我想起我第一次做志愿者时，也确实感到有点难为情，但开始做了之后，很快就投入其中并感受到了其中的乐趣。”在来势汹汹的疫情面前，他受内心大爱的驱使，护送医护人员的儿女参加高考，让他们的人生不留遗憾，让奋战在抗疫一线的医护人员不再有后顾之忧。

这一次经历，在蒋金海心中种下了志愿的种子，从此以后他开始积极从事志愿服务活动，小到帮环卫工人捡拾垃圾，大到在危急时刻挽救生命。志愿精神在蒋金海心中生根发芽，肆意生长，成为了他人生最宝贵的信念与信条。

2. 舍己救人，世间大爱

蒋老师在做志愿服务时，总是全身心地投入。他从未有所顾虑、从不担心被误解，因为“感觉做的是善事，晚上睡觉也很安心”。他还总是热心地“没事找事干”，在这个过程中，他的身边从不乏不同的声音，他也曾经遭遇过危险。在蒋金海记忆中，最惊险的是一次夺刀救人的事件。

那日，蒋老师在路上行走，忽然看到有人持刀溜进学校，他就立即意识到有危险，靠路边停车，冲入学校追赶那个持刀的人。

“我才到教学楼里，他就已经‘噔噔噔’地跑上了三楼。我担心学生们的安全，所以心里非常急，跑得很快。等我追上他的时候，他已经打破了窗门上的玻璃，在教室里面追着学生们绕圈跑。我赶紧推门而入，拿起教室里的桌子与他对峙。对峙了两三分钟后，他放弃了我，转而继续朝学生们扑去。我心急如焚，因为我看到有胆小的女孩子居然没有跑，趴在桌子上哭。于是我立马冲上去抱住了持刀者，控制住他拿刀的手。这时，我大声呼喊。很快，老师和保安到达现场，控制住了持刀者。”

但冒着生命危险作出如此善举后，蒋金海却仅是摆摆手，便转身离开。旁人眼中见义勇为的大善事，对于蒋金海来说，只是习以为常的分内之事。“我相信不论是谁，都会如此做的。路见不平，拔刀相助，这是人与人之间最基本的温情与善意。”

3. 点滴温情，平凡感动

除了大事当前时的不假思索，蒋金海也在日常生活中播撒着他的温情与善意。有一次，蒋金海坐公交车，下车后看到好多人围在一片区域，他便也过去看，发现一个小姑娘骑着电瓶车不小心撞了一位老奶奶，小姑娘不知所措，周围的人怕被讹也不敢帮她。而蒋老师却“爱管闲事”地帮她拿主意，打120，全程陪同小姑娘一起处理老奶奶的事，陪同老奶奶去医院救治。

他说：“我并不要求得到什么回报，一句感谢就足够了。我就是爱‘多管闲事’。”蒋金海口中轻描淡写的“爱管闲事”，实际上却是帮助群众、温暖人心的善事。他无私的精神令人动容，也给人以启发。或许志愿服务并不需要专门的组织、特殊的平台，随手捡起地上的烟头，扶起摔倒的同学，给予学习困难的同学真诚的帮助……日常生活的点滴都可以算作一种志愿服务。

4. 助力亚运，喜迎来客

在2022年杭州亚运会的筹备和召开阶段，蒋金海和他的爱心车队成员也积极发挥着作用。“我们作为出租车司机，是城市宣传的名片，要以更好的面貌迎接各方来宾，当好东道主。”为此，蒋金海的爱心车队掀起了学习英语的热潮，甚至请来了外教老师助力。虽然只是一些简单的日常用语，但这些“超龄学生”学得格外认真。不仅仔细地做笔记，还把学习内容用手机录下来，利用空闲时间反复观看学习。爱心车队志愿者们这种勤奋好学、积极提升自我的状态充满了魅力与活力，也让人深深感受到他们紧跟社会发展、不断探索志愿新形态的勇气和自信。在时代飞速发展的今天，唯有不断学习，持续提升，才能担负起更多的责任，成就更美好的未来。

5. 守望相助，遥送英灵

蒋金海不仅用爱心、善心、热心温暖着杭城的千万市民，也义无反顾地帮助着每一位需要帮助的人，跨越时间、地域的界限。

2023年11月16日，蒋金海刚结束“上城劳模工匠开化行”活动，便在网络上看到由宜春市奉新县爱心志愿者邱旺理发布的一则开化县溪口公社詹村大队(今林山乡詹村村)烈士詹金水，牺牲后长眠他乡，等待亲人祭拜的寻亲启事。“这趟开化行，我们与当地劳模工匠建立了联系，通过他们或许能找到烈士家人。”蒋金海当即将消息截屏发给了刚结识的开化县劳模协会会长钟槐春，向其寻求帮助。钟槐春马上联系了开化县退役军人事务局副局长张思安协助寻亲。

不到3个小时，在当天晚上8时左右，开化县退役军人事务局传来好消息：烈士亲人已找到，哥哥詹金德健在，如今哥哥已有80多岁。收到消息后，蒋金海立即将爱心志愿者邱旺理的电话转给了烈士的亲人。

蒋金海(绘:杭州弯湾托管中心一位爱画卡通人物的"猪猪女孩"——子怡)

11月17日上午,从宜春市奉新县传来消息,烈士侄女已联系上邱旺理,这场接力寻亲有了结果。詹金德的孙子詹先平说,爷爷詹金德和家人其实一直想去扫墓,但就是不清楚烈士墓的具体位置。

据开化县退役军人事务局相关负责人讲述,烈士詹金水的英雄事迹一直张贴在当地烈士纪念馆里,是确定无疑的。"在与邱旺理联系后,我们知道了烈士墓位于福建省南安市洪濑镇福林村四都下半都山顶。"该负责人表示,开化县退役军人事务局将进一步跟进,与烈士亲属协商后续工作。

"在这么短的时间里就为烈士找到家人不多见。"邱旺理说,他们是从去年开始发起为长眠他乡的烈士寻找亲人的志愿服务的,到目前已为1/5的烈士找到了亲人,但在消息发布第二天就有家属来联系并确定身份的很少。

"有烈士的付出才有我们当下的幸福生活,为烈士寻亲是每个人都应该做的。"寻亲有了圆满结果,蒋金海发自内心地高兴,"我本身就是一名志愿者,有着一个爱心车队,今后将继续在生活中做个'热心人'。"

如今，蒋金海仍在完善自己的志愿服务，力求完美。同时也不断地号召更多人加入志愿服务的行列中来。在蒋金海眼中，志愿服务不只是志愿汇App上跳动的累计时长，而是内心的热爱，是珍贵的获得。

学生感悟

1. 身后，无声力量相随（杭州市建兰中学　李宇杰、沈雯萱）

“亲情，是我做好志愿工作最大的底气。”说这句话时的蒋老师，脸上洋溢着抑制不住的幸福。家人的理解和支持，让蒋老师能够安心在外从事志愿活动。同时，蒋老师又把家人给予的温暖和爱传递给一个又一个需要帮助的人。在与蒋老师的交谈中，我们还有幸听蒋老师讲述了在自己的带动下家人投身志愿服务活动的故事，让人感动也让人钦佩。也许，这就是亲情的力量，它不仅凝聚爱，还传递爱。

除了亲情的力量，光荣的共产党员身份也在身后不断鞭策着蒋金海成长进步。在采访中，蒋老师指着胸前熠熠生辉的党徽自豪地说：“一开始坚持志愿工作是因为心中的信念，但有了党员这一全新的身份后，激励我的就还有这份沉甸甸的责任了。”成为共产党员后，蒋金海以更严格的标准要求自己，践行着共产党员的责任与担当。因为他认识到，共产党员不仅仅是一个身份，还是一种神圣的使命，更是他对党庄严的承诺。

另外，百姓的需求也是蒋金海前进的动力。志愿是善意的体现，是爱的凝结。当遇到挫折时，别人的一句鼓励便是最好的安慰；当心中绝望时，内心的善意便是最亮的明星。蒋金海所做的事情虽然简单，但却是老百姓真真切切需要的事，在他看来，心存善意、无私奉献、为民着想便是志愿的真谛。

2. 青年，接力谱续新篇（杭州市建兰中学　周子祺、沈子媛）

除热心公益、服务社会之外，蒋金海也十分关注国家的发展，牵念青少年的成长。

“如今的时代飞速发展,以前和现在的生活相比,您感觉有怎样的变化?”我们如是问道。

答案毫无疑问地聚焦到科技发展上。蒋金海回忆着,以前他们干的是又脏又累的事情,现在多数能通过科技完成,甚至比人做得还好。蒋金海认为,现在是科技强国的时代,如我国的科技公司,在外国的技术封锁下却依然能打一个漂亮的仗,引起世界的轰动,是值得我们骄傲的。

“您有什么想对青少年说的?”

“那太多了,”蒋老师恳切地说,“你们可都是祖国的未来啊。”蒋老师认为,青少年都应该努力读书,空余时间投身志愿服务。“不论身在何处,都要牢记祖国是我们的母亲,我们最终需建设自己的国家,要做一个对社会有用、奉献国家的人。”

俗话说,“三百六十行,行行出状元”,蒋金海便是出租车行业中当之无愧的“状元”,他不仅拥有高超的驾驶技术,还把出租车服务做到了极致。尤其值得称赞的是蒋金海老师以出租车为载体,向无数人传递了爱心,让众多人明白了涓涓细流汇聚成河的道理,懂得了公益对普通市民的意义。将手中的工作认真做了,做好了,做到极致了,就成了一种劳模精神。劳模精神需要传承,需要我们青少年将之继续发扬光大。我们新时代的青少年也必将不负前辈的殷切期望,将来在自己的岗位上,闪耀出平凡的光芒,为国家做出贡献,为民族奉献力量。

蒋先生太平凡了,他在茫茫人海中只是一名微不足道的司机;但他又太伟大了,因为他不仅是一位司机,更是一位带领爱心车队从事志愿服务、无私奉献的司机。比起炙热的太阳、皎洁的月亮,他更似一颗星星,即使微小,却仍能独自散发独一无二的光芒。如他这般,还有万千星辰值得歌颂。他是蒋金海,他是他,更是他们:他们有着爱岗敬业、争创一流、艰苦奋斗、勇于创新、淡泊名利、甘于奉献的劳模精神;他们有着坚持坚守、敬业精业、专心专注、创造创新、至善至美、无私无我的工匠精神;他们有着崇尚劳动、热爱劳动、辛勤劳动、诚实劳动的劳动精神。

蒋金海老师用他的劳动精神、公益热情、爱国之心，为我们诠释了志愿服务的真正含义——老百姓需要，我们就去做。做好事，做善事，帮助他人的同时自己也收获颇丰。作为新时代的青年，我们要学习这种纯粹又高尚的品质，让真善美在社会间传播，让民族自信的种子撒遍中华大地，生生不息。

心有家国，处处发光。以凡人之火，谱写时代之歌。

于微末处见执着精神，于坚持间见工匠情怀

——杭州市惠兴中学学子专访冯冠君

冯冠君，男，浙江工匠。杭州容安特种设备职业技能培训有限公司电梯维修师。2014年参加全国首届电梯维修工职业技能竞赛，获得个人综合二等奖；2015年参加全国首届电梯安装工职业技能竞赛，获得综合成绩个人优胜一等奖，同时获得“浙江工匠”“操作技术能手”“育人标兵”称号；在《中国电梯》等刊物发表6篇技术论文，拥有软件著作权7个，实用新型专利12个；被评选为2018年区“百千万”高技能领军人才；2019年，获准成为杭州市“冯冠君电梯维修技能大师工作室”领衔人；2020年，被认定为杭州市高层次D类人才。

于细微处铸就工匠精神

冯冠君是电梯维修技能大师，曾获全国首届电梯安装工职业技能竞赛综合成绩个人优胜一等奖、杭州市高层次D类人才、“浙江工匠”称号。现在，冯老师已经成立了杭州市冯冠君电梯维修技能大师工作室。

同学们来到冯冠君老师的工作室后，冯老师给同学们介绍了电梯组成的重要零件，使同学们对电梯有了初步的了解。“比如说这个限速钳，就相当于电梯的刹车，发现电梯超速后，它能夹住电梯的钢丝绳，给电梯减速，保证轿厢的安全。”

来到冯冠君老师的办公室，同学们向冯老师问了许多问题。

1.“冯老师您好，我们之前有了解到您大学一毕业就去了电梯公司面试，那么您当初为什么会选择电梯维修这个专业呢？”

冯冠君带领学生参观

于微末处见执着精神，于坚持间见工匠情怀

“我选择的专业是机电一体化，想学门技术。而且那时候都是发工作服，蓝色的，蓝领嘛。我对机电还是很向往的。自己比较喜欢动手，家里也支持。”

2.“您刚开始从事电梯事业时，觉得最大的挑战是什么？”

“我在毕业的时候没有接受过培训，到工作现场去，就要直接操作电梯，修电梯，还是有难度的。我花了三五个月时间才摸清一点门道。初入这个行业时，我的落差其实很大。掌握了一门技术之后，再要晋级，那就要学历。比如说看英文的图纸，这时候只有英文好的同事才能根据这个图纸去操作。”

3.“在工作中，您也遇到过一些问题，那您又是怎么保持对工作的热情与动力的?有没有一些特别的激励因素？”

“激励因素其实挺多的，比如说有个人被关在电梯里面，我在两个小时以内必须要把人救出来，不然是属于一般事故的。我又紧张，又害怕，担心自己会做不好。但是他们出来的时候说‘谢谢师傅，谢谢师傅’，这两句话就给了我很大的成就感，让我感觉我们对社会安全是有价值的。这给了我很大的激励。所以做一件事一定要静下心来，刚开始的时候，你看不到成绩的时候，不要灰心，因为时间还没到点。到一定程度和时间点的时候，就像你们现在读书一样，你们只有到中考那一年，才会知道自己前面三年的学习达到了什么样的水平。”

4.“您在2012年的4月获得了‘浙江工匠’的称号，那么在您的眼里，何为匠人？”

“‘工匠’这个词是非常伟大并且神圣的。在我看来，工匠就是专精一门技术，并且能把专精的这门技术，通过长时间的工作，积累和总结下来，并能传承下去，这是非常重要的。”

5.“您对社会上提倡工匠精神怎么看？”

“祖国的发展，需要我们每个中华儿女一起努力。习总书记说过一句话：‘中国人要把饭碗端在自己手里。’这句话在各个领域都适用。技术要掌握在我们中国人自己手上。”

6.“冯老师，最后，您对我们新时代少年有什么寄语吗？”

“新时代的少年，应该是有梦想的。着眼于当下，最主要的一件事情，就是把自己手头上的工作做好。送给大家一句话：在最宝贵的时间和年华里，作为新时代的少年，好好读书。就这么一句话。”

这次采访让同学们收获满满，了解了在无数部电梯背后，有无数位像冯老师一样的工作者，用精湛的技艺和踏实的工作，来保证大家的安全便利通行。一位工匠，匠心敬业，执着专注，追求卓越。同学们一定不辜负冯老师的期望，好好学习，将来做对社会有用的人。

学生感悟

1. 于微末处见执着精神　于坚持间见工匠情怀（杭州市惠兴中学陈家佳）

《史记·礼书》有云：“不弃微末，久久为功。”意为：不放弃微小的事物，做事持之以恒、锲而不舍，方能有所成就。

2023年9月13日，在浙江同济科技职业学院，我们采访了一位在电梯维修领域熠熠生辉的明星——冯冠君。他以自身的经历和成就，向我们展示了执着坚持的精神和工匠情怀。

冯冠君老师是一位电梯维修技能大师，拥有多年的工作经验。他一直热爱自己的工作，并坚信只有通过不懈的努力和积累经验，才能取得真正的进步。在工作中，他始终保持着对细节的关注和追求，努力提高自己的技能水平。

执着是精神的韧性。在谈到执着坚持时，冯老师分享了自己最初学习维修电梯的经历。他刚毕业时，没有接受过任何培训和教育，一切都要靠自己去摸索。正所谓“师父领进门，修行在个人”。他无时无刻不虚心求学，从身边的一线技术人员那里获取专业技能，不断提升自己。他说能够从事儿时梦想的行业，对工作上的一切都格外珍惜。在基层岗位，他默默履行护梯人的职责。掌握了电梯修理技术之后，还再继续学习继续晋级，“做一件事一定要静下心来，刚开始看不到成绩别灰心，继续努力，要和自己较真，执着追求，时间会证明你们所付出的汗水！”冯老师强调，新时代青少年更要有韧性，要专注当下，“笨功夫”也定能练就“真本领”。

冯老师的“笨功夫”正是“浙江工匠”对技艺的执着追求和精益求精的体现。作为学生，我们也可以把这样的“笨功夫”用在我们的学业上，勤动勤练，勤温勤悟，脚踏实地，才能“得真知”。

除了对工作的执着坚持，冯老师还注重对细节的打磨。在维修电梯时，他总是关注每一个细节，努力确保电梯的安全和稳定运行。“电梯安全关乎生命安全”，正因如此，冯老师尤为重视“细节”，电梯运行的数据检测，维修过程中的精益求精，让他始终保持着高标准和严谨的态度。他在一步步成为“浙江工匠”的道路上，不仅获得了多项发明专利和实用新型专利，还发表了多篇电梯专业技术论文。他的技能大师工作室的成立，更是他坚持与执着的成果，他在这一领域的影响力得到了进一步的提升，为电梯行业的进步做出了贡献。

让我感触最深的是冯老师不仅在工作中始终保持着对专业的热爱，久久专注于探索创新，在取得个人成就的同时没有停滞不前，而是将自己的经验无私传授给新一代的青年学生，发挥薪火相传的优良传统。冯老师深情地讲道：“祖国的发展，需要我们每个中华同胞一起努力。”这就是根植于每个中华儿女内心深处的文化精神，这更是真正驱动中华民族不断发展的正向力量，冯冠君老师以担当与奉献书写属于他的传承使命。

执着是意念的坚定。作为一名工匠大师，冯冠君老师不仅要精于工，更要匠于心、品于行。他提到当下社会是与时俱进的，学习是一项必需技能，学习中必定会遇到困难，保持良好心态去面对困难，不忘初心，朝着梦想，才会不迷茫。他鼓励同学们要持续学习，提升自我价值，时刻保持生活的积极性和学习的主动性。

在采访中，冯冠君老师分享了自己在工作中遇到的困难和挑战，以及他是如何克服这些困难的。他提到，执着是一种坚定的意念，是对于自己的目标坚定追求和坚持。无论遇到什么困难和挑战，都会不断努力尝试，直至达到自己的目的。他强调首先要有自信，相信自己能够解决困难，“意念坚定，以致高远”。

每一次当他成功解救被困电梯人员，他们出来时都会说“谢谢师傅，谢谢师傅”，这一声声感谢给了他最大激励和巨大的成就感，让他觉得自己的付出是有价值的。

冯冠君老师的经历确实非常鼓舞人心。他的故事告诉我们，无论遇到什么困难和挑战，只要我们保持自信、坚定信念，并付诸努力，就一定能够克服困难并取得成功。

2. 方寸之间守通行之道，细致专业护电梯安全（杭州市惠兴中学夏亦欣）

现代都市，高楼林立，支撑着人们在城市高楼中生活的，是一部部电梯，每天无数次的上下穿梭。为保障人们的通行安全，有这样一群匠人，用精湛的技艺和认真细致的工作，保障着每一部电梯的安全运行。今天，我们有幸采访了一位电梯维修技能专家——冯冠君。

冯冠君是浙江工匠，曾获全国首届电梯安装工职业技能竞赛综合成绩个人优胜一等奖、杭州市高层次D类人才等称号。现在，冯老师已经成立了杭州市冯冠君电梯维修技能大师工作室。在这些荣誉的背后，是冯老师的专业专注与细致精进。专业精神是什么？在冯冠君老师身上，我看到了三点。

第一，是在自己所从事的工作岗位上孜孜不倦的追求。2010年，冯老师大学毕业后就踏入了电梯维修行业，他一边工作，一边学习电梯维修技术，严于律己，精益求精，一丝不苟，深得同行赞赏。因他没有得到过专业的培训，初入这个行业困难重重，花费了三五个月才摸清一点电梯维修门道。通过自身不断努力，他的技术水平得到了很大提升，现在冯老师已是电梯维修行业的佼佼者了。

第二，是在原有知识基础上不断地学习与创新。在亚运会期间，作为亚组委亚运场地电梯保障专家成员，冯冠君联合电梯行业技术部门，对会场、训练馆、酒店等地做好电梯重难点技术问题协调支持工作。自接到亚运保障任务后，冯冠君便开始不断学习电梯最新技术，并融会最新国家标准和安全技术规范要求。“我需要对不同电梯品牌的机械特性和控制系统了如指掌，才能保证在突发情况下第一时间顺利解决问题。”

第三，是走访各处的“实战演练”。冯冠君多次前往奥体中心主体育场，对大莲花内的观光电梯各种设施进行安全保障检查和功能性试验（这2台电梯在亚运会期间作为主要的垂直交通工具，服务于奥体中心主会场），并对本系机电的维保员工现场进行培训。

冯老师也先后前往亚运村、宝盛水博园大酒店等多个电梯工地现场，抽查前期维保检查过程中发现的问题是否整改到位，涉及应急救援设备、驱动主机、控制系统、导向系统、轿厢系统、门系统、重量平衡系统、安全保护系统等多个重要装置。同时，对亚运会水球训练馆（上城体育中心水球馆）存在的4台电梯并联问题进行整改，保证4台电梯都能够就近一层待机接送相关人员。

通过现场的经验积累，冯冠君带领团队成员制定了完备的应急救援体系和后备预案，全力保障亚运场馆电梯的绝对安全。“手一摸，耳朵一听，仪器诊断一下，便能知道问题出在哪里。”这是冯老师过硬的专业技术。

在实地维修电梯时，冯老师关注到每一个细节，无论是线路的连接，还是数据的调试，方方面面，绝不马虎。冯老师用细致的工作，保障着电梯运行的安全。

“新时代的少年，应该是有梦想的。着眼于当下，最主要的一件事情，就是把自己手头上的工作做好。在最宝贵的时间和年华里，作为新时代的少年，好好读书。”在学习生活中，坚持不懈，脚踏实地，在看不到成绩时别灰心，总能有一番成就。现在朝着自己的梦想，前进，奋斗。将来，在某个专业发光发热，贡献自己的力量。

3. 会当水击三千里，日月星辰任我攀（杭州市惠兴中学　康家豪）

何为工匠?何为工匠精神?习近平总书记指出:“劳动模范是劳动群众的杰出代表,是最美的劳动者。”劳模作为一面鲜明的旗帜,他们的模范事迹对我们来说是一种非常现实、非常直观的教育和引导,是我们形象、生动的学习教材。自古以来,华夏儿女一直秉承“劳动最美丽,劳动最光荣”的信念,在自己的岗位上兢兢业业,奉献一生。他们,就是浙江工匠。

时代的发展,需要大国工匠;迈向新征程的脚步,需要大力弘扬工匠精神。

“执着专注、精益求精、一丝不苟、追求卓越。”在全国劳动模范和先进工作者表彰大会上,习近平总书记高度概括了工匠精神的深刻内涵,强调劳模精神、劳动精神、工匠精神是以爱国主义为核心的民族精神和以改革创新为核心的时代精神的生动体现,是鼓舞全党全国各族人民风雨无阻、勇敢前进的强大精神动力。

今天,我有幸采访了一位浙江工匠,他是一位在工匠领域有着丰富经验和深厚技术功底的专家,他就是电梯职业维修技能大师——冯冠君。

让我们从四个方面来了解冯老师的工匠精神。

第一是敬业。冯老师告诉我,他从事工匠这个行业已经有20多年的时间了。在这20多年里,他不断努力学习、钻研工匠技术,不断提升自己的技能和品质。他告诉我:“小时家的对面就是一家电梯公司,从小就听大人说长大了能去电梯公司工作是很光荣的事情,这颗进入电梯行业工作的梦想种子也在我心中早早种下。”但工匠不仅要有扎实的技术功底,更要有严谨的工作态度和对工作的热爱。他经常不厌其烦地对每一个细节进行精益求精的打磨和调整,以确保每一架电梯的螺丝钉都能达到最高的质量标准。冯冠君老师全身心投入,认认真真、尽职尽责,完美诠释了大国工匠的职业精神。

第二是精益。冯老师用他的奋斗,不断创新与创造,攀登行业更高峰。在基层岗位,默默履行护梯人的职责,以担当与奉献书写属于他的传承使命。当前,我国正处于从“中国制造”向“中国智造”转变的关键时期,社会需要大国匠人，时代需要大国匠心。许许多多的具有匠心之人坚守最朴实的初心，用最扎实的技艺在一点一滴中书写出属于中国人的时代成就，这是真正驱动社会发展的正向力量，是根植于内心深处的文化精神。我们也要秉承和发扬匠人们“执着专注、精益求精、一丝不苟、追求卓越”的优秀品质，担负起时代赋予青少年的历史责任。“会当水击三千里，日月星辰任我攀。”冯老师以工匠精神的执着追求和不懈努力，精益求精，为每一个作品都注入了无尽的热情和心血，让每一架电梯都能展现出极致的品质和工艺。

第三是专注。他说：“做一件事情一定要静下心来，刚开始的时候你也许看不到成绩，到一定时间或程度点上时，才知道自己做的努力是有用的。”他一开始没有经验，就常常在工作中加班加点，在电梯行业里逐渐摸索，过了三到五个月才逐渐摸清一点门道，他在工作岗位上的专注，冯老师现在回想起，还对自己专注的这段时光感触颇深。

第四是发扬。作为一名大国工匠，冯老师不仅在技术上精益求精，更注重团队合作和传承。他说，在他的团队中，每个人都是技术精湛、认真负责的工匠，大家相互学习、共同进步，一起打造出一个个精美的作品。他还在浙江同济科技职业学院当上一名老师，他说他非常重视对年轻工匠的培养和传承，他会耐心地教导年轻工匠们技术和经验，帮助他们成长为优秀的工匠，让工匠精神得到更好的传承和发扬。

工匠精神要求严谨、耐心、专注和坚持工作。不要投机，不要停止追求，不要得过且过。你不能有“相似且尚可”的错误想法。你必须端正态度，对自己实行“高标准、严要求”。成功离不开毅力和执着的追求。你必须对工作一丝不苟，深入了解一线工作情况，这样才能对工作心中有数，坚持与同事沟通，耐心听取大家的意见和建议，专注于工作中的每一件小事，热爱工作，确保工作顺利开展。

工匠精神需要勤奋学习、不断研究和不断创新。我们要把“工匠精神”运用到专业领域，勤学新理论，积极研究新问题，深入调查研究，认真学习业务知识，在工作中学习创新，立足当前，综合分析，冷静思考，找到创新思路和

冯冠君和学生合照

方法，把有限的时间更好地用在无限的为人民服务上。

极致的工匠精神，支撑着在追逐梦想的旅程中稳步迈进。对一个国家来说，工匠是必不可缺的，而工匠的工匠精神是一个国家制造的保证。工匠制作需细致，工匠工作需勤劳，工匠态度要负责，工匠精神的价值在于精益求精，对匠心、精品的坚持和追求，专业、专注、一丝不苟且孜孜不倦。这就是工匠精神，也是追求极致的精神。其利虽微，却长久造福于世。弘扬工匠精神，精益求精，注重细节，追求完美和极致。冯冠君老师用他的敬业、精益、创新、传承，铸就了伟大的工匠精神！

工匠精神的核心是追求卓越，精致细致，执着专注。我们应该有“人有我优”的技术追求，选择一个目标，努力用一生和更多的精力，精心打造，永不放弃，不遗余力，追求卓越。这种追求源于对自己和工作的责任，也源于对未来的信心和希望，青年人应当设定远大的目标，勇敢迎接挑战，不断超越自我，做到极致，同时我们也应该保持敬畏之心，不断把自己置于竞争与合作的环境中，与大师级别的人物交流，这样才能获得启示，锻炼自身。新时代青少年，生逢其时、重任在肩，施展才能的舞台无比广阔，实现梦想的前景无比光明，我们要以工匠精神擦亮新时代少年的底色，在实现中国梦和实现民族复兴这一场历史接力赛中做一名优秀的接班人！

便恐鸦行须筵羽，蓝桥风月两相忘

——杭州市采荷中学学子专访江亮

江亮，1963年出生于浙江温岭，高级酿酒师，曾获得杭州工匠、杭州市五一劳动奖章等荣誉。现任杭州宋酒酒业有限公司董事长兼技术总监。作为中国红曲酒保护与传承人，40多年来他积极推广宋韵文化，专注宋酒酿造，成功让失传已久的千年古酒“蓝桥风月”重现光彩。江亮从基层技术工人成长为宋酒酿造技能大师，他发明的花香黄酒酿造方法获得国家发明创新专利。在做好宋韵文化挖掘的同时，江亮积极奉献社会，在杭州师范大学设立“江亮优秀学生奖学金”，1999年以来，共资助了200余名学生。江亮工作室也培养出多名工程师。

文与雅：让“杯中物”传递“醉中趣”

宋韵，一个多么令人陶醉的词。近些年，作为曾经南宋都城的杭州正积极展开体验宋文化与还原宋代古风的宋韵体验活动，全力建设“宋韵城市”。

如今的杭州，已经成为古风城市的典范。各种大大小小的活动相继进行，上至市级政府，下至街边小贩，对“宋韵”这个词也是再熟悉不过了。在这段时间，杭州广大市民热火朝天地复刻宋代古风产品，随着南宋德寿宫遗址博物馆对公众的开放，宋韵的热潮被推向了至高点。然而，在德寿宫数百平方米的巨大展厅中，文物与古书毫无争议地成了游客们的至爱，却有一件中国古人的智慧的结晶——酒被遗忘在了角落。

中华民族的酒文化源远流长。从开始的祭祖用品，到后来家家户户常备的饮品，酒一直以它“消愁”与“舒心”的效果而受到千万人的热爱。历代文人墨客中有诸多都在酒上做过文章，李白有“举杯邀明月，对影成三人”的闲适与豪迈，辛弃疾则有“醉里挑灯看剑，梦回吹角连营”的雄心壮志，李清照在家中轻吟“昨夜雨疏风骤，浓睡不消残酒”，而晏殊则有“一曲新词酒一杯，去年天气旧亭台”的豁达与释然……可是这样一个流传千年的文化遗产，却只是默默待在宋韵的一角，没有受到多数人的关注。

但屈指、西风几时来，又不道、流年暗中偷换。9月13日，杭州市采荷中学采访南宋酒文化遗产保护与继承人江亮先生。江亮先生在底蕴深厚的采中校园里，向我们讲述了他与酿酒业40多年的交道。“便恐鹓行须篷羽，蓝桥风月两相忘。”宋韵之味，居然能在酒香中，浸入我们的寻常生活……杭州有一条小巷，名曰打铜巷，全长仅180米，却浓缩着杭州从古至今的风尘岁月。木门窗、白墙、黑瓦、雕花屋檐……在每一次繁华灰飞烟灭后，历史终归还是倔强地要为这座城市留下印记。

为了让当代人有一个更纯正的氛围感受宋韵文化，江亮先生和朋友开了一家古韵十足的南宋酒艺馆，在这里不但可以穿宋服、喝宋酒，而且通过换装、学礼仪、点茶、用餐等起码2小时的流程，可以给足来宾身处宋朝的仪式感。

江亮师傅是一名酿酒师，专门从事研究宋代古法酿酒近40年。他通过潜心钻研、不懈努力，挖掘总结出一套古法和现代酿酒相结合的酿造技术工艺，成功复原名为“蓝桥风月”的杭州宋酒。在2015年举办的中国国际酒业博览会上，“蓝桥风月”荣获最佳新产品奖，江亮师傅也获得了“中国红曲酒保护与传承人”“杭州工匠”“最美上城人”等荣誉称号。为了做好这次采访，活动前同学们收集了一些有关非遗文化的知识。非遗文化在队员们的脑海里，有剪纸、书法、戏曲以及节日等，但在采访江亮之后，大家又获得了新知识——酿酒也是一项非遗文化，“蓝桥风月”更是一款流传千年的名酿。

酿酒行业的人都知道一本写于宋朝的酿酒专著《北山酒经》，宋朝的酿酒工艺可谓是达到前所未有的高度，而杭州是南宋时的都城，所以江亮想结合自己所长，酿一款独属于杭州、传承南宋文化的好酒。江亮酿的酒，源自南宋，叫作“蓝桥风月”，属于红曲酒，其历史已近900年。“蓝桥风月”在《水浒传》与《北山酒经》内都有记载，《水浒传》中的宋江就是拿这种酒招待客人的，不少文人墨客都对此酒赞不绝口，它也寄托了不少文人与武将的志趣。“蓝桥风月”酒还记载于《西湖老人繁胜录》《武林旧事》等南宋杭州风俗志书中，相传唐人裴航在蓝桥遇见仙女云英，后人将此写成浪漫的风月故事。而

江亮接受学生采访

南宋吴皇后被这一故事深深感动，将吴府家酿之御酒取名为“蓝桥风月”。在她影响下，其弟忘情山水，专心酿酒，终于酿得传世美酒蓝桥风月。高宗也特别喜欢蓝桥风月酒，经常用此酒犒劳朝中有功重臣。宋人好花，南宋都城的富人们将冬天的西湖冰雪安放在酒窖之中，并摘下绿萼梅花用蜡封存。待到炎炎夏日，取出冰块冰镇红曲酒，再泡上梅花，喝起来清凉爽口，芳香馥郁。

南宋距今已有几百年，在这期间“蓝桥风月”一度失传，承载着对南宋酒文化传承使命的江亮先生花了5年的时间对“蓝桥风月”进行研究和改良。南宋时期盛行红曲，是南宋制曲酿酒的一个重大发现，南宋朱翼中的《北山酒经》记述了当时酿酒工艺的发展和改进，而如今的“蓝桥风月”酒通过冷冻技术萃取绿萼梅、金桂等香味融入酒体之中，花香轻柔悠长，与黄酒完全融为一体，酒香花香，让品尝者仿佛真的在梅林中品酒。因此作为南宋酒文化代表的“蓝桥风月”就是在南宋古法红曲酒酿造技术上进行红曲菌种和酿造技术改良而诞生的，在保持名酒古风的基础上，更符合现代人口味和健康的需求。

破与立：让“南宋酒”酿出“当代味”

江亮笑称自己与酒的缘分应该与从小立志成为一名匠人分不开。从采访中，我们了解到：要还原这样一种文化底蕴深厚的美酒，不仅需要精益求精的高超技艺，还需要百折不挠的钻研精神，理解“蓝桥风月”背后所隐藏的文化内涵。

“蓝桥风月”虽然是宋朝名酒，但距现在有近千年的历史，中间流传去了日本，史书上对此酒也少有记载，复原古酒必定是一项艰难的大工程，大多数酿酒师认为成功复原这种酒的可能性如同大海捞针、极为渺茫，几乎没有人敢尝试。但江亮先生却不这么认为。怀揣对这份工作的满腔热情，有着40多年酿酒经验的他带领着他的研究团队开始了漫长的、近10年之久的探索之路，终于拼凑出“蓝桥风月”的基本形态，最终通过“复刻”的方式研究、酿造宋酒，让现代人也有机会品一品这宋朝的酒之味。在2022年上海中国国际进口博览会上，江亮师傅就穿着宋制汉服向中外宾客展示宋酒“蓝桥风月”，得到了一片好评。

江亮在粮食局大院长大，对粮食有着特殊的感情。小时候，他好奇爱钻研，一直很崇拜木匠、石匠等手艺人。1977年高考恢复后，16岁的江亮顺利考上了台州师专。然而，由于想成为一名技术人才，当地最大的一家国营酒厂——浙江泽国酒厂开始招工时，江亮还是忍不住选择了报名进厂当技术工人。尽管当时很多人不理解他的选择，但他的父亲一直支持他。

刚入酒厂时，作为学徒的江亮跟着师父每天泡在车间熟悉酿酒工艺。虽然他会抱怨每天工作强度大，还要干搬酒坛子、手拉原料车等辛苦体力活，但当看到经验丰富的师父专注做酒的身影时，他又有了动力。两年后，由于表现出色，江亮被酒厂保送至复旦大学进修微生物专业。在复旦学习期间，他学会了酿造酒之关键技术——菌种培育技术。学成回厂后，他成了行业里的制曲红人。

江亮表示：“曲是菌的总称，我在复旦学习时掌握的菌种培育技术为之后复原古酒奠定了基础。”他还说，“在培育过程中，有些菌种活性会衰退，有些菌种活性会增强，因此选出特性强劲的菌种对酒的发酵有重要的影响。”20世纪90年代末，江亮在香港理工大学学习企业管理专业时，剑桥博士麦伟明教授谈道：“杭州南宋文化影响着世界，运用专业所学挖掘复原南宋文化是一件很好的事情。”这番话让江亮灵光一闪：“我的专业是酿酒，如果我可以挖掘恢复南宋酒文化，那将是一件非常有意义的事情。”

于是，1997年他来到杭州创业，一边研究杭州作为南宋都城的历史文化，一边做市场调查。调查中他发现黄酒行业的市场份额每年正以10%—20%的速度快速攀升。南宋古酒隶属黄酒的一个类别，又有文化、有历史、有需求，显然是一件大有前景、值得期待的事。那一年，江亮一头扎进了南宋古酒的复原之路。复原之路漫漫，第一步自然是要确证复原哪种南宋古酒。江亮多次拜访杭州当地有名的历史学家、考古专家，考察良渚文化，在图书馆大量找寻南宋文化书籍……读遍了《梦粱录》《武林旧事》等南宋杭州风俗志书，他终于在《西湖老人繁胜录》及《武林旧事》记载中看到了名为“蓝桥风月”的南宋古酒。

江亮大量找寻南宋文化书籍，一本宋代的酿酒专著《北山酒经》最终给了他方向。“‘蓝桥风月’具体的制酒技艺虽然已经失传，但根据《北山酒经》上记载的制曲和酿酒古法，尤其是红曲制造的记录，我们对重塑‘蓝桥风月’还是有了信心。”江亮又结合多年学习的日本“黄酒”清酒、西班牙“黄酒”雪莉酒等酿造优势，根据历史书籍中记载的“蓝桥风月”之醇香，正式开始了工艺性复原。“追溯历史，唐宋时期我们的酿酒技术就传到了日本，因此我多次前往日本考察找寻传统酿造工艺的印记，同时学习借鉴世界其他地方优良的酿酒工艺和技术。”江亮介绍道。

江亮表示：“作为黄酒的一个类别，根据‘君臣佐使’原理，曲、米、水是‘蓝桥风月’的关键原料基础。”制曲关键在于培育优良的菌种，江亮从找米到育种，带领团队花了整整3年才成功分离出适用的红曲菌种。这期间他和团队得到了酒界泰斗、中国食品科技学会黄酒学会原会长毛照显和黄酒专家曹国镛的全力支持。

“用红曲是为了顺应古法，但合适的大米也不是那么容易找。”江亮说，他们跑遍了江浙两省的米厂，后来得到江苏农科院王才林博士的牵线，培育出黄酒专用精白米种，才算解决了“蓝桥风月”最关键的基础材料的问题。因距今已一千余年之久，史料记载和现实器物差距相当大，江亮先生便坚持进行了数十年的历史调查、技术研究，跑遍了四五十个国家。“梅花种类很多，有花梅、有果梅、有蜡梅，花梅中又有红梅、江梅、绿萼梅……”只是为了尊重历史，30余年来，《北山酒经》《梦粱录》等多部史书与全世界的奇山异水都大多留下了他的印迹。历史的悠长、个人生命的短暂和世界的辽阔每时每刻都在质疑着他，他却从未想过放弃。

面对一份多数人看不上甚至会侧目的工作，江亮先生无疑受到了许多质疑。900年的历史鸿沟，让普罗大众甚至是许多史学家都无法平静接受古酒能成功还原的事实。"'蓝桥风月'已经离我们远去将近千年，元、明、清乃至中华民国对它的记载都不是十分详细。我走访了许多史学家，参观了不计其数的博物馆，辗转40多个国家，像拼拼图一样，慢慢拼凑出了酒的大致形态。"

然而真正的困难远不止这些。"我们今天酿的酒用的就是普通的米，而史料记载'蓝桥风月'的原料却是'惠山米'。这'三种米'究竟是哪三种米，我们无从下手。幸好我们碰到了一位留学回来的博士，才得以知道。但别人就会觉得很奇怪呀，酿酒都是用普通大米或糯米，为什么要这么麻烦？……"出于对历史的尊重，江亮先生不惜花大量时间将精确的用料一一找出，光这个过程，便用了整整4年。"我们要把先人的智慧找回来，以史为鉴，博古通今，并发扬光大。我们一路走下来，无非就是靠着对它的热爱，对心中梦想的不懈追求，以及将中华文明发扬光大的使命感。"

江亮先生对古风的传承和发扬，终于得到了肯定。"杭州市五一劳动奖章"和"杭州工匠"等诸多荣誉在手的他，却并没有以此自夸，"我会在此基础上将'蓝桥风月'酿得更好，更贴近史料，保持它的良好品质，并且加以提升，让世界人民都爱上它。"江亮先生用自己对宋韵的热爱情怀，引领着酿酒产业走向一个新高度。江先生唯一的希望就是要让"蓝桥风月"及其他优质产品传承下去，让更多的人热爱这门"技术活"，并在全世界发扬光大。

业与勤：让"心中热"铸就"工匠魂"

"一生只做一件事，一心只为酿好酒。"当同学们问江师傅，为什么会走上酿酒这一道路并选择"蓝桥风月"，他回答道："因为我从小就受到家庭教育的影响，很喜欢酿酒这项技术，有情怀和使命感。"而正是他的这份情怀和使命感，让失传已久的"蓝桥风月"重见天日，重新出现在世人的眼前。"蓝桥风月"重新问世后，江师傅表示，他感到有一种天赋的使命促使他去担起挖掘千年古都酒文化的责任。他的无私奉献，为杭州这座古都注入一抹灵动的酒魂。

江亮和学生合照

然而，现实中会有许多问题。不管是中老年人还是年青人，说起酒，往往第一时间想到的就是白酒、红酒、清酒，而没几个人会第一时间想到诸如“蓝桥风月”这种黄酒。江先生并不为此担忧：“这种现象也正常，黄酒嘛，人们第一时间想到的是烧菜调味。现在的人有不同的饮食习惯，对酒的喜好自然与古时不同，但我们也希望通过古法酿造，通过对中华文化的理解与生活美学的融合，让热爱中国文化的人带着这么一份情怀，享受中国酒带来的愉悦，并将其发扬光大。我们酿的不是网红，而是情怀。只要稳扎稳打，我相信一定能慢慢唤醒人们对黄酒，特别是古典酒的热爱。”

在采访中，江亮先生对当代青少年郑重寄语：不管是精神还是物质，要从小有梦想，长大追求梦想，让社会生生不息。“你们生活在美好的时代，一定要坚持梦想。像我一样坚持不懈，才有今天社会的认可。没有梦想和目标，便无法实现人生价值。只要打好基础，不管遇到什么困难，都不要灰心，要记住这只是一个过程。你们也要从小培养自己的兴趣，而不一定要千人一面。”

江亮先生对古典中华文化的热爱,对古典艺术的传承,以及他的使命感与家国情怀,铸就了他今日辉煌的成就。相信在不久的将来定能如江先生所说的那样,中国文化闻名世界。我们年青的一代,也将不负江先生的愿景,为中华文化的传承与发扬做出自己的贡献。

采访至高潮,江师傅深情地说,"蓝桥风月"这款失传千年的古酒能够得以复原,并不是他技艺有多高超,而是他挑战了别人认为不可能完成的事。他鼓励同学们,在学习的道路上,也应当挑战自我,向着自己的目标前进,不知难而退,努力学习,成为国家的栋梁。

21世纪的中国,霓虹闪烁,名利川流,而江亮先生却选择轻轻掩上眺望红尘的窗扉,转过身,执着守护古人唯精唯一的工匠风骨。摒弃浮躁,坚定热爱,在每一个平凡的岁月中铸就非凡。

听到这里,一幅砥砺前行的画卷缓缓在同学面前铺展开,全场寂静无声:采访的同学震撼地注视着他沧桑却精神矍铄的面孔;记录的同学带着敬意将奋斗记录到纸上;拍摄的同学毫不犹豫地将这一刻定格。

"人是只须坚定,这世界对有为者并不默然。"复原宋代美酒,逐渐得到了外界的广泛关注,帮助他的人也从四方江海赶来,汇成一壶氤氲着暖意的温热中国。最终,在各方协作下,江亮团队成功分离出适用的红曲菌种;在王才林博士的鼎力支持下,找到了一款介于糯米和粳米之间的特殊粳米;从雁荡山端出了一碗万里挑一的"天下第三泉",才总算让"蓝桥风月"这款闭关千年的美酒重出江湖。江亮先生,这一位历史的雕刻家,镌刻了奋斗的年轮,勾勒出时代的变迁。

"敬业,精益,专注,创新",他是时代变迁的筑梦者。

"传承和创新,是我们这代人必须做的事情。"如今的江老先生已年满60,但他仍热情高涨地奔走在传承和创新的第一线,仍在为传播中国传统文化倾注着全部的时间、身体、情感。江老先生就是那待斟的酒,以一生的时间去酝酿自己的浓度,所等待的只是那一刹那的倾注,诠释着工匠的执着与坚守。

“我们这一代，还要将被隔断的历史纽带为下一代连接起来。”当发现流失在中华历史狂沙中的一砾流金时，江亮先生仍会义无反顾地踏上征途，努力为复原打开突破口，带领年轻的新一代酿酒师不断攻坚克难。

“执着，勇敢，奉献，坚守”，他是中国前行的开拓者。

采访最后，江亮先生发表对现代青少年的寄语。在现在的良好文化氛围及安定富强的社会环境中，青少年更应大胆追逐梦想，而不论梦想大小。尽快找到自己奋斗的方向，坚持热爱。不惧挫折，不因100米的失误而放弃整个人生的长跑。祝愿各位同学在未来传承工匠精神，在各领域开花。

临别，采中学子为江亮先生献上酒元素的自制团扇、书法，与江亮先生合影，以表对江亮先生的衷心敬重和感谢。

岁月的秋风带走了老一代的大部分温度，而青春的季风阵阵不息。吹不散的，是年少时的热忱，是往日的脚印上残留的余温。江亮先生的“蓝桥风月”代表的是一代人的持续奋斗，铸就的是一份份中国荣耀。他们平步筑起文化高塔，守护岁月通明；他们一生面朝风沙，复原历史的绚烂画笔、千载风华。让我们致敬工匠精神，致敬中国梦。

青田石"上"情，匠人镌"荷"韵

——杭州采实教育集团学子专访吴松江

吴松江，正高级工艺美术师、浙江省工艺美术大师、杭州工匠、杭州市五一劳动奖章获得者、杭州市高层次C类人才。现任中国工艺美术协会理事、中国工艺美术协会中青年人才专业委员会副主委、浙江省工艺美术行业协会副会长、杭州市民间文艺家协会副主席、青上阁石雕艺术馆馆长。曾荣获中国民间文艺最高奖"山花奖"、浙江民间文艺最高荣誉"映山红奖"、杭州国际民间手工艺术作品展金奖、浙江工艺美术精品博览会金奖等各类国家级工艺美术精品展荣誉奖项。

吴松江博采众长，融合各类流派的艺术风格，创作了《上下五千年》《十全十美》《江南民居系列》《山里人家》等意蕴深厚的石雕艺术品，其作品分别被浙江省博物馆、冯骥才文学艺术研究院、杭州中国工艺美术博物馆等收藏。

石不能言最可人

徜徉在青上阁的石雕作品中，我们惊叹，经过刻刀的雕琢，石头也能讲述过去的故事、现在的变迁、未来的期许。我们更惊叹，刀耕不辍30余年，数百件石雕凝练了吴松江对生活的感悟，对艺术的理解。他不仅用深厚的技艺功底进行创新，让人感受到眼前一亮，他在作品中寄托的浓浓情思更是如春风拂面般给人以美的享受。

吴松江大师并不像石头般沉默寡言，他用凡俗的意趣赋予了石头种种可爱。在整个交流和访谈的过程中，他亲切地向同学们讲述了一个个作品背后的故事，诠释了创作灵感来源于生活、更来源于虔诚的热爱和骨子里的坚持。正是因为这种耐心和坚持，他的作品多次在国家级工艺美术精品展中斩获金奖。

吴松江和学生合照

对于吴大师来说，石雕是没有时间限度的艺术，它超越了时间，每一件作品都讲述着独一无二的故事，它既能反映当下的历史变迁，也可以冻结一瞬间的领悟。“我们六兄弟都做石雕，虽在不同的城市，却有一个家族共同的品牌‘青上阁’，现在我儿子也喜欢石头，正在学习篆刻，没有比这更让我高兴的事儿了。”

1. 岁月当以石头记，破壁残垣仍新生

12岁，吴大师开始学习石雕，16岁进入青田石雕厂从师学艺。1992年，他跟随大哥吴松林到杭州创办青上阁石雕工作室，24岁开始独立谋生，边学习边创作，还挤出时间进修。

2006年他考入中国美术学院雕塑系进修，潜心研习，博采众长，提升艺术修养。雕塑是做加法，而吴松江熟悉的雕刻是做减法。这种与众不同的雕法摆脱了平庸的模仿和盲目的重复，带来了朴实无华的浓浓乡情和清新雅致的感受。

“虽然我模样丑陋，但无俗气的骨头”，这是吴大师的作品给人的真实体验。吴大师的作品《生生不息》便很好地诠释了这句话的内在真谛。吴大师原以一块完整的棕色岩石雕出树的年轮，以翡翠色的部分雕出从枯木中钻出的蘑菇，让人产生对顽强生命的敬畏，更给人生命延续的力量。但是，有一天，作品不小心被摔成两半。不舍之余，吴大师不断思索，在摔碎的其中一半上，添上了一只蜗牛和几棵真菌菇，成功地将废品化为精品，让人感觉多了一份空间感。不经意间，吴大师发现了这种不完美的另外一面，发现了残缺之处也另有价值，稍加创造成就了一件新作品。完美固然是一种美，但有时残缺能够超越完美，这就是“新生”。让原本精美绝伦的作品锦上添花，这种残缺之美，似乎更符合《生生不息》的意蕴。

2. 绿荷新莲意趣多，最爱万物向日生

吴大师爱莲，爱蟹，更爱自己的故乡青田。吴大师为了雕莲，不惜在酷暑寒秋，穿梭于荷花荷叶间。他并不怎么被那些傲岸挺立的荷叶所吸引，却更多地驻足于枯萎的荷叶间，痴迷于飞蛾在叶上过往的瞬间，更沉醉于枯叶给

吴松江(绘:杭州弯湾托管中心一位爱画卡通人物的"猪猪女孩"——子怡)

人所带来的一种历史沧桑悠远之感;吴大师雕蟹,又不辞辛苦,奔波于集市中,买来鲜活的螃蟹,他并不愿伤害它们,往往让螃蟹爬动着,以此来刻画最生动、真实的画面。

从《夏日三宝》中,我们可以看见,人们走近清爽的夏日荷塘,享受休闲的惬意。那微倾的荷颈和卷曲的叶片,给人微风袭来的凉爽;白色的莲花和泛出微黄的莲蓬张弛有序,泛出阵阵清香;而那根部的莲藕是扎实的,与塘的底部连为一体;叶下隐藏的小青蛙平添了作品的情趣。此作呈现出动静两相宜的荷塘景色,其刀功之精细令人咂舌。"作品一定要有想象的空间,不能把所有的元素都堆上去。要让人越看越有趣,越看越觉得有味道。"正如作品《好》,明明不见水,却加上一个小螺蛳,来表明这里曾经有水;明明不见鸟,却加上几串鸟的脚印,表明这里鸟曾经来过。更有趣的是莲蓬上的莲子,最前面的是姐姐,最后面的是弟弟,正好对应了他题目中的"好"这个字。

又如作品《我们来比谁大》中,两只青蟹张牙舞爪,挥举着硕大的钳子,上演了一出石头剪刀布的戏文，惹人亲近和玩味。他又将卷曲残破的荷叶、泛黄枯败的莲蓬、两只黝黑的螃蟹这个作品取名为《和谐包容》，配文是“不要不理我，和谐（荷蟹）于包容之中”，平添情趣，生动张弛，在平淡的布局中突然展现的灵性，令观者无不拍案叫绝。在他的刀下，石头有了生命，有了趣味。古人云：“凡事留不尽之意则机圆，凡情留不尽之则味深，凡言留不尽之意则致远，凡兴留不尽之意则趣多。”吴大师作品中的“不尽之意”，令人玩味不已。

吴大师总说自己的艺术是“没有时间”的艺术。吴大师将自己的时间安排在大自然间，或是山川，或是湖畔边一处不引人注目的泥潭，又或是一只青蛙、一片荷叶。吴大师和它们对话，在它们身上了解自然规律。在《琢之道》这一作品集中，我们似乎就可以感受到栖息着的花鸟草虫、烟云树木、古朴小屋、瀑布清流……吴大师不轻易用刻刀在石头上雕刻，这是一种对石头的尊重，是一种对雕刻的热爱，更是对艺术的执着，这何尝不是一件无形的艺术珍品呢？

3. 文化自信显底蕴，躬身实践扬真意

比起“艺术家”的称号，吴大师更喜欢将自己定义为工艺传承人，即便已有诸多成就傍身，他对艺术的态度还是如此谦恭，称自己还在不断经历、感受和体验的过程中，还在不断吸收、践行和攀登的路途上。石雕艺术这一非物质文化遗产，能够充分体现中华民族刻在基因里的精神意志和民族品性，石雕艺术一直致力于展现中华民族独特的文化传统和核心价值。吴先生经常以“家”作为灵感进行创作，这种对氏族亲缘和故乡的依恋，表达了其内心深处的情感寄托，彰显出中华传统的人文温度和文化底蕴。

吴大师表示石雕艺术的接力棒最后还是要交到年轻人手中，由一代又一代的年轻人不断传承。当前的年青一代是追求个性和创新的一代，善于打破思想的束缚，视野宽广，敢于突破自己，这对艺术创作来说是非常重要的品质。而且当代年轻人越来越能认可和发掘优秀传统文化的魅力，越来越能感受到东方文化的韵味，正建立起前所未有的文化自信。

当吴大师被问到如何看待AI和3D打印技术时，他表达了担忧，随着AI技术的广泛运用，美术设计行业受到很大冲击，3D打印也能充分还原AI的设计稿。但他同时也表达了对石雕艺术传承的信心，他比喻人工智能的所谓“创作”就是吸食人类现有艺术作品，再嚼碎了吐出来一个新的作品，但这样的作品怎可谓创新，真正的创新还是需要人的意识达成。当然人工智能的挑战，对石雕艺术家提出了更高的要求。

当提起传统石雕面临的传承危机时，吴大师的神情有些肃穆，他给同学们讲了石雕艺术面临的危机，比如商业化的冲击、快节奏的社会风向。虽然当今社会提倡匠人精神、钻研精神，但石雕艺术在社会文化中的存在感并不高，如何让现在的年轻人热爱这门艺术，并沉下心来立足于实践，甘于钻研枯燥的石雕技艺，是石雕艺术传承人们苦思冥想的问题。

从事艺术行业的人大多认同艺术是有门槛的这一观点，修行艺术需要“悟性”和“灵性”。但对于艺术“灵性”，吴大师有不一样的见解。一棵草、一枝花、一叶扁舟都可以是我们灵感的来源，当石雕蕴含了生活的感悟，那它就不再是冷冰冰的物件，而是富有思想和活力的，是有肌体和灵魂的，是深厚和温润的。对于“悟性”，他强调这是给石雕赋予活力的关键，“悟性”是走向自然，走进生活，感受自然的美，感受生活的光。只有走到实践中去，才能回到创作中来。

学生感悟

1. 落霞与孤鹜齐飞，传统共创新一色（杭州市采荷实验学校　夏文涛）

吴松江是爱石之人，在他的妙手之下，石头能够“开口说话”。在吴老师的众多作品当中，令我印象最为深刻的当属名为《和谐包容》的石雕作品。这件作品雕刻得非常有意思，可爱的小螃蟹静静地趴在荷叶上，滚动的露珠被雕刻得惟妙惟肖，再点缀上两颗落了子的莲蓬，一件巧夺天工的石雕作品就呈现在了我们的眼前，吴老师雕刻手法之高超令人不得不拍案叫绝。

吴老师热情地为我们分享了他的创作感想，他说创作首先要放开自己，让自己想象别人不敢想的，这样创作出来的东西就会有自己的个性。在他的工作室里，我们看到了各种精美的石雕作品，有栩栩如生的动植物形象，有博大精深的文化符号，还有寓意深刻的人物肖像。吴先生亲切地向我们讲解了石雕工艺技巧以及创作灵感的来源，引导我们了解了石雕行业的奥妙之处。

我很庆幸自己参加了这次活动，不仅欣赏到了惟妙惟肖的石雕艺术作品，还上了一堂别开生面的传统艺术传承课。

传统文化在当今社会势单力薄，举步维艰，许多传统手艺湮灭在了时光的洪流当中。“一个没有精神力量的民族难以自立自强，一项没有文化支撑的事业难以持续长久。”习近平总书记曾多次强调文化自信的重要性，传统文化是我们中华民族的灵魂，丢失了传统文化的文化就如同无根之木。

作为新时代的青少年，吾当扛起文化传承的大旗，弘扬传统文化，传承中华美德，以民族复兴为己任，努力学习科学文化知识，持之以恒，开拓创新，争做新时代好少年！

2. 钟灵毓秀，巧换石魂（杭州市采荷实验学校　符子诺）

炎炎烈日，蝉鸣不绝。我们心相志愿队的同学们跟随着老师的脚步，来到吴山工艺美术大师吴松江老师的展览馆中，一睹大师刻刀下的各式各样精美作品。

一跨入展馆，便有一股若有若无的木头的清香萦绕在鼻尖，再想细闻却消散了。我们被玻璃罩中一件件栩栩如生的作品所吸引，惊叹于吴大师雕工的精妙。而最令我印象深刻的，是他的作品《空谷幽兰》。

还记得那件作品被摆放在展馆中一个小小的角落，并不起眼。我们也只顾欣赏琳琅满目的大作，无暇顾及静静地在角落中的它。直到我们走到了展馆的尽头才看到它：一株含苞欲放的兰花，从石缝中抬起头，拼尽全力似乎要顶开上方的碎石，拥抱温暖的阳光。茎的下方是惨白的，细小的根牢牢地抓紧下方贫瘠的土壤，而上方是赤红的花苞，乍一看就像是真的一样，在灯光的照射下，反射着鲜亮的光。看到它，我似乎就闻到了兰花特有的香气，我

吴松江给学生讲解

似乎看到了它未来的模样：三片小巧的花瓣好似婴儿的脸蛋，水灵得能掐出水来；叶子不再蜷缩起来，而是舒展开来；腰杆子碧绿碧绿，看不出一丝焦黄；顶端的花苞已然盛放，随着清风缓缓摇曳。

对于吴老师而言，一件件石雕就是他人生中的一个个脚印，象征着他一点点的进步与成长。他说："或许我这个人过了几百年就不会有人记得，但是我手中的一件件作品会成为人们所珍视的财富，直至千百年后还会有人驻足于这些作品前细细品味前人的思绪。"

回到家后，我仍然回味着这两件作品，受益匪浅：身为采实学子，我们应该尽量做到"向上，向善，有担当；想学，会学，坚持学"，像是作品中的兰花一样，尽管在逆境之中也要坚定梦想，想方设法战胜困难，终有一日开出梦想的花朵。

3. 石雕大师的艺术修养（杭州市澎诚中学　蔡一凡）

近日，我们来到了南宋御街，拜访了著名的石雕大师吴松江先生，参观了他的工作室——青上阁。在大师的手中，一些平平无奇的石头获得了新生。

吴大师不仅自己创作了许多精美的作品，还帮助许多石雕爱好者修改作品。如《鲤鱼跃龙门》这个石雕作品，就是吴松江大师进行修改的。在吴大师放出原图时，我们一开始都没看出这幅作品有什么需要修改的：九条鲤鱼正翻越龙门，希望能成为龙。正当我们细细观察这幅作品时，吴大师却问了一个令我们意想不到的问题："在鲤鱼跃龙门中，会出现几条鲤鱼？"我们都说是九条，但是，吴大师却纠正了我们的答案："一开始，鲤鱼确实是有九条，但是，有两条成了龙和凤，所以，鲤鱼就只剩下七条了。"听了他的话，我才知道，做艺术品更需要有大量的文化知识储备。

不仅如此，吴大师那些精美的石雕作品也离不开他广阔的眼界。吴大师平时常常去曲院风荷观赏荷花，将荷花的各种造型都谨记于心，除了正在夏季开放的荷花，还有各种季节的荷叶、莲子。正因如此，他才会雕刻出如此之多的关于荷花的作品。吴大师还细致地观察了松果的造型，他的松果不仅在外观上做到了复刻，甚至连松果上的小刺也清晰可见。

"岁月当以石头记，破壁残垣仍新生"，吴大师的大半辈子都在跟一块块石头打交道。吴大师的童年是在农村里度过的，所以有许多的作品是关于农村生活的。吴大师常说自己在做"没有时间的艺术"，这是因为吴大师在他的工作室里要奋斗几个月甚至几年才能完成一件作品。如今，他想要更上一层楼，想在剩下的几十年中雕刻出更精美的石雕作品。

当今社会，我们需要的是创新精神。我们向大师提出了自己的疑问，现在的社会已经没有多少人愿意去传承传统文化与创新，毕竟这是要花费大量的时间与心血的，石雕文化要如何发扬呢？吴大师说他绝不会因艰难而放弃，他创作出的一件件作品，正是发扬了石雕的传统文化，大师的青上阁里面陈列的一件件瑰宝也会有更多的人看到，在这些老一辈的非遗传承人的努力下，我们的非遗文化也一定会发扬光大的。

在新学期中，我将发愤图强，争做"尚德、善学、健体、强能"的少年。而作为新时代的少年，我们心中都有一份责任，像吴大师那样弘扬传统文化，传承传统美德。

4. 幽默的言语，彰显纯朴的真情（杭州市澎扬中学　谈浩宇）

吴松江大师，他在青田石雕传统技艺的基础上别开生面，奇思妙想，不断推出立意新颖、技艺精湛的石雕作品。他屡屡在市级、省级甚至国家级的民间手工艺展上、工艺美术精品展中揽金夺银，引起了全国各地收藏爱好者、工艺美术界的同行、专家学者及各级领导的关注。吴松江大师从小学习石雕，他虚心请教，勤奋和智慧给他添上了腾飞的双翼。他独树一帜地展现出了“题材新颖、奇思妙想、因材施艺、鬼斧神工、巧换石魂、点石成金”的鲜明个人特色，为青田石雕的传承与创新开创了一条不一样的路，为石雕界注入新活力。

“无‘巧’，石不能言亦无魂；无‘巧’，石总是石，何能成金?”在这次令人受益匪浅的采访当中，在出自吴大师妙手的无数件精妙的作品当中，大师以幽默的风格来描绘出石雕艺术的内涵。其中最令我印象深刻的作品是《看看拆迁办走了没》，大师在介绍这件作品时，运用了幽默的文字来给这件作品取名，但在幽默的语言背后则是不一样的思想情感。这件作品主要表现出，在一间十分残破的木屋中，门口一位老人将门偷偷打开了一丝缝隙，探出脑袋四处张望，来看一看拆迁办到底

吴松江给学生讲解

有没有走，看一看自己的房子什么时候拆迁。一件看似平平无奇的作品，却折射出社会中的问题。有的人面对拆迁，汲汲营营，但对已经住了大半辈子的老人来说，这个屋子无法割舍。原来在幽默风趣的语言背后，是触情的感伤。作品不单单是为了欣赏，更是为了去反映当代社会的问题及对于世间万物的理解，以及对于它们的热爱与发自内心的感触。

在当今的社会当中，传承工作十分艰难，大师说，如果要去学习非遗传承文化可能会失去很多的机会，但老一辈的传承人并不会因为这些而放弃自己的传承之路，他们将会用尽一生去创造及创新非遗文化。

“咬定青山不放松，立根原在破岩中”，我将奋发图强，改变自己，做志远少年，持之以恒，开拓创新，学习吴大师“以刀代笔，石刻人生”。

精业济世守初心，工匠精神铸医魂

——杭州采实教育集团学子专访李祖胜

李祖胜，全科主任医师、九堡街道社区卫生服务中心主任、杭州医学院兼职副教授、浙江省医师协会社区医师分会常委、浙江省转化医学学会基层卫生分会委员、国家卫生健康委能力建设与继续教育中心基层糖尿病管理能力综合评价体系标准专家组成员、区劳模工匠协会第一届理事会理事、上城区残联挂职副理事长、市政协委员、区政协常委。先后获得首届“苔花奖”基层医疗机构十大创新管理者、“浙江省优秀社区医师”“杭州市千优健康卫士”“上城区劳动模范”“农工党中央先进个人”等称号。

李祖胜致力于医学人文与卫生健康法规的融合建设；擅长慢性病基层综合防治，对糖尿病前期干预、早筛早防、医防融合、门诊胰岛素起始治疗有专门研究，在多种慢性病并存的综合诊疗与管理等方面具有丰富的临床经验。

匠心坚守，“医”无止境

与李祖胜医生初见是在八月初，正值暑月。步入九堡街道社区卫生服务中心，院内习习的微风与袅袅的中药香便驱散了一路走来的燥热。

没有看病时的急切，而是怀着对“劳模”李祖胜医生的好奇、探索之心，同学们第一次以访谈者的身份迈进九堡社区卫生服务中心。一进门，便被这里整洁的环境、专业的服务、高端的设备、有趣的体验吸引住了。

“劳模”李祖胜医生没有想象中严肃，他讲话娓娓道来，平易近人。耐心、细致、专业、随和是大家对他的第一印象，在与李祖胜医生深入交流后，这一印象更加得到了印证。

他博学善思、坚毅乐观、以身作则、德才兼备，“医”身白衣救死扶伤。他是一名全科医生，又是一位基层医院的领导者。他敢闯敢做、推陈出新、求贤若渴、恪尽职守，“医”身创新追求卓越。从个人到单位，从单位到社会，他又

李祖胜和学生合照

积极履行政协委员参政议政的职责。他笃志好学、积极实践、全力以赴、力争上游,“医”身责任兼济天下。

习近平总书记曾在全国卫生与健康大会上提到,长期以来,我国广大卫生与健康工作者弘扬“敬佑生命、救死扶伤、甘于奉献、大爱无疆”的精神,全心全意为人民服务。许多的医务人员在不断弘扬担当精神、工匠精神、人文精神和集体主义精神,奋力推进健康中国建设,为实现中华民族伟大复兴中国梦,铸牢健康基石而奋斗。“劳动模范不仅是一份荣誉,更是一份责任与担当。一定要不忘初心和使命!”李主任一直这样说,他也一直在这样做。

1. 医者仁心岁月长,博学厚德不言悔

20世纪90年代,在湖北省的一个贫困山村,这里的人以务农为业。全科医生李祖胜就出生在这里。他在15岁之前不曾见过足球,16岁之前从未去过县城,19岁之前未曾拍过照片。池塘、山林、水田、旱地,这就是这个青年人每日见到的风景。直到有一个三伏天,正在收割早稻、播种晚稻的李祖胜被村里“赤脚医生”的背影吸引,他陷入沉思。

在与贫困抗争的岁月里,这个年轻人见证了医生救死扶伤的奇迹。他便立下决心,刻苦学习,走出大山,全力以赴,成为一名可以守护生命、延续生命、提高生命质量的医生。

2003年,23岁的李祖胜毕业于华中科技大学同济医学院,一年后,他很快便取得了执业医师证,成为一名真正的医生。自2003年从事医疗工作以来,李医生从武汉来到浙江,先后在杭州市原江干区人民医院和采荷、闸弄口、四季青、九堡等多个街道社区卫生服务中心工作。他积累了丰富的临床经验,尤为擅长糖尿病等慢性病的精准诊疗。他从2019年起任社区卫生服务中心主任,2021年晋升全科主任医师,2022年挂职区残联副理事长。

正如著名医学家裘法祖教授所言:“德不近佛者不可为医,才不近仙者不可为医。”作为从大山里走出来的全科医生,李祖胜医生一直将“医者仁心”挂在嘴边,放在心上,并用实际行动诠释了“仁心”的内涵。

“李医生,您好!这么晚打扰您,真不好意思。可是,老父亲这边已经高烧

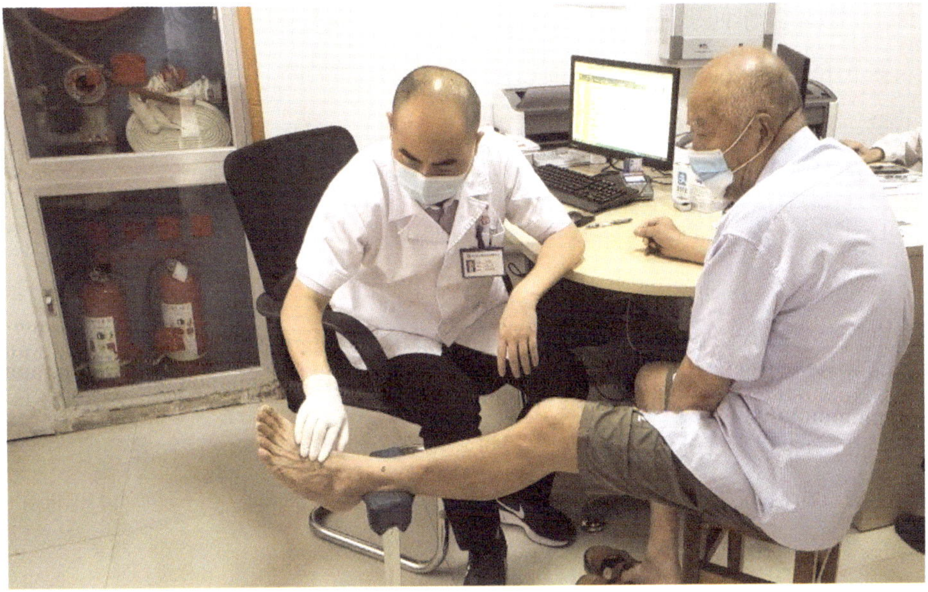

李祖胜为患者诊疗

好几天了，就是不肯去医院，这可怎么办！可否……麻烦您来家里看诊？”这是李医生2021年冬季深夜里接到的一通电话，一边是深夜刺骨的寒风，一边是40多公里的距离，李医生预感到病人病情危急，没有过多思考，立即穿好衣服，驱车赶到患者家里。

“面对面问诊，心连心开方。”这原来又是一起常见的患者恐惧去医院的病例，原本不太严重的炎症被拖到危及生命。如何劝说这些执拗的老人呢？李医生耐心地从患者的角度出发，利弊分析，层层推理，反复劝说，怀着“同理心”，在一番苦口婆心后，老人终于战胜心理恐惧，肯在家人的陪伴下入院治疗，最后才化险为夷。

爱在左，情在右。在医患关系中，爱在左，爱是高尚的道义，是深厚的责任，是让患者产生的亲近感。情在右，是对患者的爱惜之情、怜悯之心，是对生命的敬畏。和谐的医患关系在李医生这里是从“爱”和“情”开始的。

一提到糖尿病，大家的脑海中可能会马上蹦出“这是老年人疾病的一种”的意识。如果这样的疾病降临到一位40出头，高学历、前途似锦的男士身上，他又会作何感想？过多的顾虑，往往是很多人不敢看病的原因，可最令人害怕的诊断结果不会因此而改变。就是这样的一个病人，在2014年走进了李医生的诊室。

如何帮助他正确认知自己的病情，如何帮助他建立对未来美好生活的信心和希望，如何通过医学技术将他的血糖降下来，如何长期跟踪和守护他的健康……这一系列的问题摆在李医生的面前。在微信刚刚兴起的年代，李医生巧妙借助这一通信手段，早晚询问病情，每日监督服药，回答患者咨询，同步指导用药，这种用“爱”和“情”铸造的“一对一”健康守护一做就是10年。后来李医生通过创作“一对一”宣教视频，点对点发给患者，帮助了更多的家庭。到目前为止，经他诊疗的糖尿病患者有数十名脱离药物治疗，他的耐心、用心、专心也让他收获了许多“粉丝”的认可。

从医20多年以来，李祖胜已经从一名初出茅庐的“山里孩子”成长为一名优秀的全科医生。面对社区卫生服务中心、残联、农工党、政协等一系列重要的工作安排，他一直用“责任”和“担当”在说话。访谈中，李医生回答了同学们比较关心的“如何合理安排时间”和“如何化压力为动力”的问题，他借用鲁迅先生的名言“时间就像海绵里的水，只要愿挤，总还是有的”，告诫同学们：首先要合理安排睡眠时间，旺盛的精力是做好工作的前提；其次要科学安排可利用的时间，分清事情的性质，分类可以单独做和并行做的事情，高效利用可支配时间；最后一定要保证定量的运动，用规律的作息和运动过健康有品质的生活。李医生侃侃而谈，告诫同学们要学会将学习和工作的兴趣激发出来，化压力为动力，只有奋斗的青春才是最精彩的。

2. 率先垂范谋全局，春风化雨润人心

“欢迎同学们进入‘周末小小医生体验营’，请各位小小医生穿上白大褂，戴上属于自己的名牌，开始我们的牙医体验之旅。”同学们刚刚走进九堡社区卫生服务中心，就沉浸式体验了一下牙医工作。无论是“口腔与科学”的精彩课堂，还是超声波洗牙体验；无论是扮演医生涂抹口腔试剂，还是模拟操作洗牙设备……同学们不仅丰富了知识、拓宽了视野，还增长了见识、锻

李祖胜和上城区劳模工匠协会会长何志英

炼了实践的能力。

另一组同学则参与了“小小中医体验营”，一个个“小中医”学着医生的样子，读经典、辩药道、把脉、敷贴……这种为了传承中医药发展而设置的寓教于乐、潜移默化的沉浸式体验，就在杭州市九堡社区卫生服务中心。同学们不由得提问，这里的医疗卫生服务一直都这么先进吗？

访谈中，李院长坦言，以前九堡社区卫生服务中心在全区卫健系统中属于最落后的单位。同学们不禁发出疑问：那么家底薄弱的卫生服务中心是如何一步步发展壮大，成为今天如此创新的面貌呢？

2020年区政府为了推动九堡片区的医疗卫生事业快速发展，将这一重担放在了曾在两家全国百强中心（闸弄口、四季青）工作过的李祖胜医生身上。李主任临危受命，他积极带领职工谋突破、促发展。

梁启超先生曾言：“凡属我受过他好处的人，我对于他便有了责任。凡属我应该做的事，而且力量能够做得到的，我对于这件事便有了责任。凡属我自己打定主意要做的一件事，便是现在的自己和将来的自己订立了一种契约，便是对于自己加上了一层责任。”李院长就是这样不忘初心、坚守本职。从一名全科医生到一名医院管理者，李主任时时以一个责任者的角度来看待一切，去负起应该负起的责任。

功以才成，业由才广。李院长深知推进医疗事业、谋划健康发展，归根结底要依靠雄厚的人才实力。他作为中心的“领头羊”一直在聚才、引才、兴才上出真招实招，为九堡医疗卫生发展铆劲蓄力。医院积极致力于建设特色科室医生队伍，发展了25支以全科医生为核心的家庭签约服务团队；积极引进省、市、区专家门诊服务，全面提升医疗服务水平；创建杭州市更年期保健规范化专科门诊；为了弘扬中华国粹，打造国医品牌，积极创建九堡中心蓝桥中医馆；利用口腔科室优势，全力打造以牙科健康为主题的整套牙科服务。

长期的基层工作锻炼了李祖胜医生的毅力，使他积累了丰富的基层工作经验。加上面对工作时始终勤勤恳恳、兢兢业业、苦干实干、求实创新的态度，他在大事难事上，办法多、推进力强。他带领职工凝心聚力，积极改革创新，修订规章制度、规范服务流程、调整绩效方案、优化管理效能，提振干事创业精气神，激发担当作为新活力，在疫情防控等急难险重任务面前能够做到快速高效落实；在医疗能力、业务发展上高速前行，2021年门诊量达到36.4万人次，较上年增长50%。2022年，总计服务患者40万人次，业务量突破1亿元，在新冠疫情不利形势下，稳住了医院发展基本盘，单位发展跃居全区卫生系统前列。

此外，李院长撰写的“打造有为有位的卫生人才队伍”案例获得2020基层卫生健康创新发展大会暨第二届基层创新案例展“优秀案例”；牵头的基层医疗机构“优质服务基层行”首批获得国家卫健委通报表扬；主导的“签约服务绩效721分配机制”在全市推广；全市率先试点“安宁疗护”，组建成立全区首个心理卫生服务指导中心；建设全省首家钱报小时健康小站示范点。他也因此获得首届“苔花奖”基层医疗机构十大创新管理者、浙江省优秀社区医师、上城区劳动模范等荣誉。

生于湖北一个贫困县的他，兼具江南人的才气与山区孩子冲出大山的朴素理想，再加上医者的严谨慈悲与管理者的大局魄力，让李主任在杭州九堡街道——21万人口的医疗卫生领域创造了辉煌的历史。九堡街道社区卫生服务中心的快速发展史也是李院长及其团队奋斗史的真实写照。

3. 基层协商助民主，医疗卫生赋健康

“哇！李医生的头衔和荣誉好多呀！”“李医生好像并不严厉，相反有点小幽默！”“我要是能像李医生一样健谈就好了！”同学们在访谈时不禁一次次发出这样的感叹！没错，他是优秀的全科医生，也是创新的医院管理者，更是积极参政议政的政协委员。作为医生，他坚信“世上无难事，只要肯攀登”；作为医院的管理者，他强调“惟创新者进，惟创新者强，惟创新者胜”；作为政协委员，他秉承“为国履职、为民尽责”的宗旨。

“不忘初心”“每一个头衔的背后其实都是一份责任”，这是劳模工匠、政协委员李祖胜在访谈时的高频句子。在他看来，富有责任感，既是一种品质、一种志向，也是一种美德。“心之所向，行之所倚。”他用行动践行着“知责于心，守初心、担使命；担责于身，壮筋骨、强本领；履责于行，冲在前、干在先”。

三年疫情期间，他身披“白甲”，成为九堡片区中心的抗疫总指挥。走进他的办公室，墙上贴着上城区行政区划图、九堡街道行政区划图，还有辖区大规模核酸采样工作安排明细表、各类应急小组联系人名单等。他建立和完善了快速响应的指挥体系，工作不分昼夜，时刻保持与上级部门、九堡街道及辖区民营医疗机构的紧密联系，统筹街道、中心、社区、民营医疗机构人员、车辆、物资等，积极探索构建九堡疫情防控责任共同体，在完成了大量指令性疫情防控任务的同时，确保门诊基本医疗服务正常运转，医务人员不过度劳累。“面对严峻复杂的疫情形势，我曾4天3夜睡了不到4小时，不分昼夜，24小时待命。”在“三区”管控中，为放疗、血透、孕妇、新生儿等四类服务最复杂的重点人群开辟绿色通道，实现封管控人员“零投诉”。

在他带领下，仅用72小时，率先建立全区首个新冠疫苗方舱接种点，落实双舱满负荷交替接种，提供老年人、快递小哥等暖心专场接种服务，全年

累计完成新冠疫苗接种45.2万剂次，居全区第一。2022年3月，在疫情防控"吃劲"的关键时刻，他高效组织协调，24小时完成辖区全员核酸采样共210437人，居全区第一。重点人群检测完成单日采样12561人，创全区单日最高峰。在杭州(宣家埠)高速口疫情防控站紧急筹建中，他带领九堡中心独立承担起核酸采样、预检分诊、预感防控等重任，配合相关部门确保在12小时内按时开通。

他积极做好辖区疫情防控参谋，体现使命和担当，当好社区居民的健康"守门人"。大规模采样点设置、安保社工志愿者等人员培训和安排、居家管控、隔离点管理、核酸采样等，他总是积极出谋划策，提供有效解决方案，确保辖区疫情防控一盘棋、一体化、一张图高效运行。

李祖胜提到，他2013年11月加入中国农工民主党，2022年被推选为市政协委员、区政协常委。"人民政协是党领导的政治组织和民主形式，是国家治理体系的重要组成部分，是具有中国特色的制度安排。"他热情向同学们介绍了政协的地位。"不只多一个头衔，更多了一份责任。"李医生积极主动承担起与市委会、区委统战部沟通协调、党员联络、社会服务、资料收集整理填报等党派工作。针对培养教育期同志管理的短板，结合农工党杭州市委会"四个一"要求，探索出培养教育期同志管理新路径，形成的经验总结得到市委会认可，在农工党全市组织建设会议上作交流发言并在全市推广实施。

作为一名学医出身的政协委员，他始终关心关注居民健康、医务人员工作状态、社会医卫热点，并为之认真调查研究，撰写提案、反映社情民意。他撰写的《海外旅游疫苗团持续火爆背后暴露出我国疫苗供应相关问题亟待解决》《建议关注慢性病长处方政策后续落实问题》《基层医疗机构承担新冠疫苗接种任务可能面临几点问题需引起重视》《基层建议加快健康证办理数字化改革提升管理效率》等社情民意10余篇被农工党浙江省委、市委统战部、市政府等单位部门录用；"建议上调村级医疗机构一般诊疗费标准"得到副省长批示。作为政协委员，执笔《关于进一步做好医养护一体化家庭医生签约服务工作的建议》并在两会发言、"有事好商量"平台现场发言4次。在抗击新冠疫情中，作为区唯一上台主题发言代表，他撰写的《我的战疫日记》得到区四套班子的高度认可，引起区政府各部门、各街道与会领导的强烈共鸣。

在《杭州之声》《浙江省转化医学学会基层卫生分会参访谈》等节目中，大家总能看到九堡社区卫生服务中心在李院长的带领下，弘扬传统中医文化、关爱社会基层群体健康、助力青少年树立医学梦想、宣传健康卫生知识等社会服务内容。他不止步于个人的医学造诣，在兼顾医院创新管理的基础上，积极探索面向更多社会群体的医疗健康服务。受到了来自医生护士、家长孩子、环卫工人等社会大众的“点赞”！在周密的工作与服务中，他也得到了各级组织部门的充分肯定与认可。他先后获得农工党中央先进个人、“江干区最美统战人物”等荣誉称号；多次获得省市级社会服务先进个人、优秀党务工作者、优秀党员；连续三年被原江干区政协评为“双好委员”“社情民意先进个人”；2022年被上城区政协评为“双好委员”，市政协社法委委员积分排名第三。

学生感悟

“高山安可仰，徒此揖清芬。”一天的“劳模工匠”走访虽然短暂，但是李祖胜劳模的无私分享，用行动和经历、眼界和学识、幽默和风趣为同学们上了一节生动、有力的人生课，大家收获满满。

1. 奉献（杭州市采荷实验学校　张宇萱）

他是一个勤奋、有责任心的医生，对患者无微不至的关怀和耐心令人敬佩。他以身作则，曾亲自前往患者家中与其交谈，了解病情，为患者排除疑虑，使患者信心倍增，勇敢面对疾病。他耐心地制定治疗方案，以真诚的关心和专业的医术为患者带去了康复的希望。

李院长的坚持初心令我深受鼓舞。正如著名作家杨绛所言：“初心的本质是，即使我见过很多复杂和阴暗，但我依然不屑成为那样的人，永远心怀善念，心灵澄澈。”无论在何时何地，初心都是指引我们前行的灯塔。就像李院长坚定了学医的决心，为他的职业道路铺就了坚实的基石。这让我明白无论遇到多大的挑战和迷茫，只要初心不变，坚持努力，就能够跨越重重困难，走向成功的彼岸。

李院长的学习态度让我敬佩。他不仅在日常工作中不断学习医学知识，还利用碎片时间进行锻炼和广泛阅读。这让我明白，知识是无限宝藏，只有不断学习，才能更好地适应社会的发展和变化。作为博学致远的新时代少年，不仅要在学业上有所成就，还要注重道德修养的培养，以全面发展的素养面对世界。

不仅如此，李院长高效的时间管理也给了我很多启示。他在早晨规划，高效安排时间，以最佳状态迎接每一天的工作。这让我想起了一句谚语：“早起的鸟儿有虫吃。”高效的时间管理能够提高工作效率，让我们有更多的时间去学习、成长和实现自己的目标。

在采访中，李院长的坚持和奉献精神令我感受到了坚韧和希望。正如著名科学家爱因斯坦所言：“生活就像骑自行车，想保持平衡就得不断前进。”我明白，需要有信念、有毅力，才能够克服一切困难，创造美好的未来。李院长为我树立了一个充满正能量的榜样。我也深知在现实生活中，坚持和奉献需要经历重重挑战和磨炼。在成为博学致远的新时代少年的道路上，我会紧紧抓住每一个机会，不断挑战自我，不断学习，不断进步。

学习需要内在的坚定信念和外在的努力奋斗。我们需要培养自己的内在动力，保持积极的心态，不论遇到多大的困难都能坚守信念，奋力前行。在实践中，我会不断完善自己的学习方法，高效利用时间，充分发挥自己的潜力。就像李院长在他的工作中创造了那么多温暖和希望，我也要努力发挥自己的特长，用心去感染和影响他人。

我相信，正如李院长通过奉献和努力成为一名优秀的医生，我也能在自己的领域取得更多的成就，为社会做出更大的贡献。我相信，在充满机遇和挑战的未来，只要我保持初心、持之以恒，就能够取得更多的成就，为自己和社会创造更美好的明天。让我们一起在坚持和努力中，成为博学致远的新时代少年！

2. 致敬（杭州市澎扬中学　邵子豪）

探访一位劳模的经历，让我深深感悟到了医生们默默奉献、大爱无私的精神。医生们就像无畏的战士，时刻守护着人们的健康，他们的工作充满了挑战和责任，但他们却始终坚守在这个岗位上。

作为一位医生，他从未放弃对生命的关怀和护理。他告诉我，对于一个医生来说，最重要的是要保持内心的善良和同情心，无论患者的病情有多么严重，我们都要给予他们最大的关怀和治疗。他深情地说："每个患者都是一个生命，我们要尽我们所能去挽救他们。"他也回忆了一些暖心的事，如在几年前，有一位患者，患有严重的糖尿病。由于一例例患者死于医院的事情传入他的耳朵，这位患者对医院的戒备心也愈来愈强，坚持不去医院。李医生也没有办法，只能选择去患者的家中为他治疗，在李医生的努力下，最终以"不用打针，只靠食疗"的方法使患者的病情好转。

在探访中，我还了解到李医生平时的工作状态。医院是一个没有休息的地方，病患们的疾病和需求从不停歇。他们需要时刻保持警觉，处理各种突发情况。李医生说："虽然工作繁忙，但我们必须要保持专注和耐心，因为每一个细节都关系到患者的生命，这都是责任。"他不仅是医生，也是上城区九堡街道社区卫生服务中心主任、杭州医学院兼职副教授、浙江省医师协会社会医师分会常委、浙江省转化医学学会基层卫生分会委员、国家卫健委能力建设与继续教育中心基层糖尿病管理能力综合评价体系标准专家组成员、区劳模工匠理事会理事、区残联挂职副理事长、市政协委员、区政协常委。这一个个身份，亦是一滴滴汗水，一个个不眠之夜，他的主要时间都在医院，这些身份的任务只有在空闲的时间和晚上来完成。

通过这次探访，我深刻认识到，医生这个职业并非只是一份工作，而是一种崇高的事业。他们用自己的智慧和汗水，为患者带来健康和希望。他们是人们生命中的守护者，他们的辛勤劳动和无私奉献，值得我们永远敬佩和感激。

我也明白了如何坚持学习。制订一个明确的学习计划,包括学习的目标、每天需要学习的时间、学习的内容等。找到自己学习的动力,可以是对未来的期望、对成长的渴望、对学习内容的兴趣等。我要把李医生作为榜样,学习他身上的坚持精神。

在我们离开时,李医生温和地笑了笑,对我说:"能力越大,责任也越大。"我深深地记住了他的话,并发自内心地表示,我将永远敬仰这些默默奉献的劳模,因为他们是社会进步的火车头,也是我们心中的明灯。

幸福“引擎”跑出美好教育新速度

——杭州市天杭实验学校学子专访邱曙光

邱曙光，正高级教师、上城区劳动模范、浙江省春蚕奖获得者、杭州天杭教育集团校长。他39年扎根教育领域默默奉献；他首创打造“镜面式教育”，并且辐射影响了全国20多个省；他组建教育共富名师云端工作室，让教育的对口支援更加务实、更有实效。他如水一般，不仅自己前进，还推动身边的人和事一起前进。他，催生了学校的持续发展力，跑出了天杭的幸福加速度，激活了天杭的幸福附加值。

“幸福地创造幸福”是上城区劳动模范邱曙光校长所在学校杭州市天杭实验学校的办学理念，也是邱曙光校长时常挂在嘴边的一句话。说起幸福，邱曙光校长可以洋洋洒洒说上大半天，作为天杭的学生，我们既激动兴奋又忐忑。采访的过程非常顺利，我们也重新认识了这位陪伴我们9年的校长伯伯。

幸福发展引路者

“做人如水，不仅自己前进，还要推动身边的人和事一起前进；做事如山，要拥有矢志不渝的理想意志，创造无数奇迹，却从不吹嘘自己的壮阔。”39年扎根于教育领域默默奉献，邱曙光校长将“高升学率、高满意度、高幸福感”的天杭教育集团打造为杭州美好教育的样本，首创的“镜面式教育”已辐射影响至全国20余个省，时任省委书记夏宝龙称赞“天杭是所好学校”。近20年热心奔走于党派工作服务社会，他在平凡岗位上时刻彰显担当精神。

邱曙光校长把天杭实验学校打造成了这样的“新时代杭城名校”：这是一所追求有教无类的学校，将辖区内符合杭城入学最低门槛的所有适龄儿童全部招收，其中外来务工子女超过40%；这是一所坚守教育美好的学校，

邱曙光（绘：杭州弯湾托管中心一位爱画卡通人物的“猪猪女孩”——子怡）

将辖区内尚能随班就读、身体心理有障碍的孩子全部招收并读完9年；这是一所坚持轻负高质的学校，将近3/4的孩子进入优质（重点）高中就读，第三方测评连续多年居全市最前列；这是一所坚持“幸福地创造幸福”办学理念的学校；这是一所在抗击疫情中始终走在前列的美好学校，在线教学经验作为全省典型，获时任省教育厅副厅长韩平充分肯定，返学复学的天杭经验在央视新闻用了半个多小时向全国直播，在线援疆行动获毛溪浩部长高度评价。

邱校长对教育事业钟爱、执着让他像引路的车头，始终站在教育改革最前沿。在成为校长前，他是杭州市首批学科带头人。成为校长后，他仍坚持教学和管理研究，先后有20余篇教学专业论文和学校管理类论文在《中小学管理》《教育学文摘》等国家级核心刊物公开发表，主持的课题研究获杭州市人民政府基教成果一等奖，所撰写的《镜面式教育》一书获省教育厅领导高度评价。

邱曙光校长自2007年7月起担任杭州市天杭实验学校校长。上任之初，正逢学校处于发展的最困难期，他带领团队励精图治，经多年努力，学校教学质量迅速攀升，整体办学水平跃居全市前列。连续四年在杭州市初中学校满意度第三方测评中遥居全市初中学校最前列。把全体毕业生的3/4送进了杭州市重点普高和优质普高。幸福教育的天杭范式在全国20多个省市区得到隆重推介，广获好评。近年来，先后由国家级核心期刊《中小学管理》《教育学文摘》大篇幅推介天杭的办学经验。学校荣获杭州市五一劳动奖状、连续十一年成为区年度考核优秀学校、连续十二年获得区教学质量优秀学校奖……在他的带领下，“天杭”已成为全区乃至全市的一个优质教育品牌。幸福教育的天杭范式在全国各地20多个省区市得到推介。

幸福成长助力者

邱曙光校长常说，校园里每一个生命都应有自己的幸福，所以他提出了“人人上岗，一个都不能少”的用人办法，让老教师得到关照，让“教困师”得

邱曙光扮成《神笔马良》中的神仙爷爷迎接学生

到激励，达到“人人在岗，人人有进步”的状态。

同时，邱校长本着在实践中培养，在实践中提高的原则，以“旭日学校”“青蓝结对”的青年教师培养为突破口，解青年教师之所需，促青年教师之所融，助青年老师之所成；以“骨干引领”“梯队培养”的骨干教师发展为龙头，在和谐进取、团结互助的教科研氛围下，带动全体教师整体教育水平的提高，不断超越梦想，在教学科研上，实现了一个个重大突破和跨越。成功打造了一支讲团结、顾大局、想干事、干成事的管理干部队伍，一支爱教育、爱天杭、会教书、会育人的青年教师队伍和天杭名班主任群体……近些年，培养了杭城最年轻的特级教师郑英、省三育人先进个人金灵娟，两届杭州市优秀教师评选有8人成功当选。2019年张雅斯成功当选“感动杭城十佳教师”，成为该奖项史上最年轻的教师，天杭也成为全市该奖项获得者最多的学校。仅三年内青年教师在国家、省市级竞赛获奖达20余人次，市级及以上论文获奖或发表30余篇。

邱校长始终坚持：只有育人者感觉幸福了，才可能培养出更为幸福的孩子。

“当我看到您蹲下身子，充满慈爱地与我的孩子在交谈时，我知道我的选择是对的，我能看到我的孩子在天杭的幸福未来……”一位天杭新生家长在给校长的信中写道。正如邱校长所说，学校是创造幸福的地方，应该让每个身在其中的老师和孩子感受创造幸福过程中的幸福，以及过程中团队的温暖。

新生入学走红毯仪式是天杭实验学校一年一度的大典。邱校长带领管理团队精心设计，精致展示。入学当天，每位学生手拿班主任家访时发的“天杭护照”走进校门，邱校长则会早早在门口迎接并与学生互致入学礼。这一段天杭幸福旅程串联天杭九年的德育系列活动，记录着孩子九年成长过程的点滴记忆，如第一次入学，第一次上课，第一次获得表扬……都成为天杭为每一个孩子准备的成长礼物。

不仅如此，邱校长根据学部管理模式，结合学校“雅”文化的核心，编制一至九年级不同年段学生“文雅学子”校本课程，并通过“古诗吟唱、古文吟诵”“天杭之声、天杭童声”“童心飞扬、青春激扬”等校本课程努力让每一个孩子都能寻找到自己的成长坐标，获得成功的喜悦。目前，天杭学子的征文在省级获奖人数超过70余人次，在全国定向锦标赛、省艺术节比赛、省运动会、省健美操比赛中获多项一等奖……

邱校长始终坚持着对“真善美”的执着与敬意，一直寻找着那种支撑学校精神文化的正能量。每年的“感动天杭”颁奖典礼，也已成为天杭人在最寒冷季节里的最温暖的期盼。

在天杭工作近20年，邱校长坚持每年与保安吃年夜饭，2022年春节前，《都市快报》用了整整两版的篇幅详细报道这一坚持的温暖和感动。

每年一度的感动天杭评选活动，他都将食堂人员、清卫人员、保安师傅推上领奖台，让他们感爱天杭师生的信任和感谢。

化为春泥终不悔，只为桃李竞相开。邱曙光校长在教育这片沃土上耕耘了39年。如今，他甘当幸福“引擎”，让每个老师和孩子，感受创造幸福过程中的幸福，以及团队的温暖。

幸福服务践行者

“以高质量民生福祉和师生幸福感、获得感为目标，打造亚运时代下的美好教育新样本。”邱校长说这是他近两年给自己设定的中心任务。

“社会服务是我一生不会退休的事业。”多年来，邱曙光倾力参与开展教育帮扶工作，为辐射杭州优质教育资源树立示范标杆：他四进新疆阿克苏和西藏那曲，在当地成立了全国仅有的指向教师专业成长的名校长工作室，为当地培养了一支带不走的人才队伍；2019年他参与筹建阿克苏市天杭实验学校，并与其结成“天天”幸福美好教育联盟，截至2022年6月，已组织本校师生向阿克苏天杭实验学校捐助总价值达80万元的图书，开展线上、线下个人专场报告交流10余次，辐射影响了当地千余位校长等教育管理者。不

邱曙光发言

仅如此，在他的积极奔走下，学校与湖北省恩施市、贵州省黔西南州等多所学校建立对口帮扶关系，他每年至少带队一次赴各帮扶学校送教，从队伍培养、管理提升、教学教研等方面开展各种交流指导。

2022年2月，杭州市天杭实验学校和阿克苏市天杭实验学校共同成立"天杭"教育共富名师云端工作室，被杭州市教育局评价为杭阿两地在教育领域推进共同富裕的创新举措。同年4月，在他的全力推动下，学校与四川省剑阁县在"天杭"教育共富名师云端工作室实现云端结对，被两地教育主管部门评价为教育领域共同富裕的一次具有开创性的探索实践。在他用真心、使真力的助推下，杭州与全国多地市建立教育资源共享、管理共进、教学共研、文化共生、教育共富，这一项项顺民意、得民心的利民实事，为杭州亚运的成功召开幸福护航。

"好教育应该培养终身学习能力和强健体魄。"学生发展，着眼未来。在"三全幸福观"（全面、全体、全过程幸福）的引领下，邱曙光把天杭办成了家门口的好学校。他认为强健的体魄和健康的身心是一切教育活动的起点与终点，是成就学生美好未来的基石。多年来他也身体力行，积极参与各式学生体锻和艺术活动，在他的影响下，越来越多的老师也走下讲台，与同学们在篮球场上、天杭唱吧感受热血青春，尽享艺术之美。一大批对健美操、定向零基础的孩子在他的支持下找到了自己的成长坐标，斩获了几十项省市级乃至世界冠军，进入省一级高中学习，最终保送进入北京大学；天杭成为全省海军航空实验班两年内被录取学生人数最多的学校。

助师发展，全省示范。2010年，邱曙光带领团队成立"旭日学校"，开创浙江省青年教师校本培训的新模式；2018年开设全国首个建在校内的班主任研究院和青年干部研修院。天杭"镜面式研修：新入职教师校本培养新样式十年探索"的研究成果获得了市政府授予的第六届基础教育教学成果一等奖。浙江省教育厅原副厅长韩平对此高度评价，他希望天杭经验作为浙江教育优秀成果推广到全国。一大批潜力教师在他的培养下成为骨干名师，他们的专长被发现和不断激励，学校金喜英老师作为小有名气的"作家"教师在自己擅长的领域发光发热，由她创作歌词的亚运歌曲《诗画钱塘》被亚组委官方微信公众号首发，并登上学习强国平台。

杭阿幸福美好教育联盟授牌

“我们必须也一定要把实现人民美好生活的愿景放在心中。”邱曙光始终牢记参政议政是民主党派第一要务和立足之本。作为民盟省委会基础教育专委会副主任、杭州市委会义务教育工委主任的他聚焦贯彻落实中央和市委重大战略决策部署，聚焦关系教育长远发展和喜迎亚运工作的大事、难事、急事、要事，聚焦群众反映的急难愁盼问题。他多次参加市政府、区委、区政府、区人大等召开的各类征求意见座谈会、情况通报会等，先后就政府工作报告、科教文化建设等问题发表意见，提出建议，使传递出的“好声音”更有效地服务亚运，助力教育。其中“规范和完善中小学体育评价、考核机制的建议”“关于切实有效防止中小学校园踩踏事件发生的建议”“关于加强校园保安入职审核和就职管理的建议”“关于重视公民同招政策落实中可能引发舆情风险的建议”等围绕全民体育发展和关系到社会稳定等主题的多项社情民意被省市部门录用，多项课题荣获民盟杭州市委会优秀调研成果。

邱曙光名校长工作室授牌

学生感悟

在与邱曙光校长的交流中，我们对校长伯伯有了更立体的认识，他总是用满满的幸福感召力感染着我们，所以我们很自然地有了以下的感悟。

1. 幸福，从“我”到“我们”（杭州市天杭实验学校　李金哲）

“教育追梦人”“幸福摆渡人”，这些都是人们对杭州天杭教育集团校长邱曙光的认知。而身为在天杭校园成长近9年的学子，我们眼中的邱校长则更为亲切和蔼。自2007年7月担任杭州市天杭实验学校校长起，经过多年努力，学校不仅教学质量迅速攀升，整体办学水平也跃居全市前列。天杭幸福教育的品牌模式和办学经验也得到越来越多省内外教育专家们的关注，“幸福地创造幸福”的天杭办学模式在全国20多个省区市得到隆重推介，广获好评。这次寻访活动为我们青少年提供了一个了解劳模故事、发扬劳模精神的最佳机会。

金秋九月的一个午后，我们三个小记者怀着激动的心情和邱校长相约校史馆，开始了面对面的交流。

在天杭办学理念“幸福地创造幸福”的指引下，入学9年来，我们慢慢养成了感受幸福的能力，每个同学都有自己的“小确幸”。邱校长认为教育是一个让人类和世界文明进步的重要方式。他希望让学生在天杭的9年学习生涯中都能幸福快乐地成长，能够学业有成，在学习中感受快乐。

我们这一届同学都还清楚地记得邱校长在我们入学那年，在学校门口扮作孔子，迎接我们踏上新生红毯，开始在天杭的9年学业。我们好奇促使邱校长开始以这种方式迎接一年级新生的契机为何？邱校长认为，用这种方式迎接一年级新生，能让学生认为天杭是一个与众不同的学校。小朋友们第一次踏进校门，映入眼帘的竟然不是陌生的教室，而是由校长扮演的各种卡通人物，还会给学生留下深刻的印象。包括我们这一届入学时，校长扮演成孔子，也是希望我们能快乐地读书，将读书当作一种兴趣，仿佛书中的古人就在身边一样。

天杭每年都会举行“感动天杭十大人物(事件)评选”,天杭师生也时刻在被身边的家人、同学和老师们感动着,谈起最让自己感动的天杭人或事,邱校长娓娓道来:好多年前,在天杭校区的国庆升旗仪式结束之后,一位小学生看到地上散落了很多面小国旗,于是弯腰将地上的小国旗一面一面地捡起来。邱校长认为这就是爱国的具体表现,爱国主义教育十分重要,尤其要从小抓起。

我们问邱校长:“听说您明年夏天(撰稿时为2023年)就要退休了,身为天杭的九年级学子,今年会是我们和您在天杭的最后一年,面对分别,我们都非常不舍,请问您想对我们这群您的最后一届毕业生说些什么呢?”

邱校长表示,每一届学生都是天杭的骄傲,经历了一届又一届的毕业季,他也即将经历自己的“毕业季”。在此契机下,他寄语我们九年级学子,在明年的那个夏天,我们一起以优异的成绩,无愧于我们在天杭的9年拼搏,也无愧于他在天杭工作近20年的教育生涯!

邱校长的话语里蕴含着一位教育工作者爱岗敬业、争创一流的模范精神。要知道10多年前天杭还是一所十分普通的学校,经过10多年的改革探索实践,成为了杭城的一所名校,上城教育的一张名片,很好地诠释了什么样的学校是老百姓家门口的好学校。“天杭范式”更是浙派教育高质量发展的典范,人民满意教育的学校样本,甚至还要推向全国。这些成就都来源于邱校长“青丝变白发”般对教育的热爱。

邱校长的最后一句话令我感动和难忘,作为天杭的准毕业生,我们将为学弟学妹们做好榜样,以优异的成绩,无愧于天杭这所学校的幸福培养,也无愧于自己的青春!在明年六月的天空中展翅飞翔!

2. 幸福之路(杭州市天杭实验学校　陈宇轩)

时代变迁,流光飞逝,世事变化无常,但在时代长河中亘古不变的是劳动模范所带来精神上的给养与实际行动的力量。他们的身上印证了时代的变迁与发展。“劳模”这个称谓不仅是对他们的肯定,更树立起了一面旗帜,他们用自己的劳动努力开拓了时代的篇章,金灿灿的果实是对他们最好的肯定，十月金秋，我们有幸采访了上城区劳动模范——杭州天杭教育集团邱曙光校长。

邱校长带给我们的印象是和蔼的，邱校长的平易近人缓解了我们的紧张。与他见面坐下交谈，反而如同朋友之间的交谈。在天杭度过9个年头，我们却未曾深入了解过“幸福地创造幸福”这个办学理念背后的意义。邱校长听后会心一笑，眼中闪烁着惊喜，缓缓解释道：“我们想要让天杭的学子在高中甚至大学和社会上都能为别人创造出一些幸福美好，当然了，我们也希望同学们在天杭的时光里也能感到温暖和幸福，在学习中感受快乐，在生活中感受幸福。所以确定了‘幸福地创造幸福’的理念。一方面希望同学们能时时刻刻在天杭感受幸福，另一方面祝福我们能在天杭和生活中创造幸福。”听到这里，我们都情不自禁地发出了感叹，没想到我们学校的办学理念背后还有如此深厚的含义。我们一直以为这仅仅是一句口号，却未曾品味过老师们的用心。

在学习中感受幸福、发现幸福，幸福的画面在校园中处处可见，这些感人至深的人和事无时无刻不存在于校园里。天杭有一大仪典——一年一度的“感动天杭”十大人物、事件评选，让校园里感人的人和事继续发光。邱校长也谈起了让他印象最深刻的事件。在去年的评选中，杨同学和金老师的故事令他印象非常深刻，这位同学腿脚不便，有时生活也不能自理，于是金老师在学校里经常主动关心、给予帮助，每次在他遇到困难时，金老师总在他的身边。久而久之，整个班级也在金老师的感染下，和谐友爱、幸福美好。正是如此，每位天杭学子都能在天杭感受到幸福与感动。

每位天杭新生在入学时就已经感受到了幸福，在每年天杭一年级新生的入学红毯上，邱校长都会扮演成孩子们喜欢的动画片里的角色，例如神笔马良、超级飞侠的机长爷爷等。每年不同的角色带给了新生不同的快乐，邱校长也希望这个特殊的Cosplay能让孩子们在入学时就感受到天杭的幸福。

邱校长在天杭近20年，明年的盛夏即将退休，谈起这件事时，邱校长的眼睛里不禁湿润了。在天杭这么久，邱校长满是不舍，希望我们这届在他职业生涯中最后毕业的学生能在中考交出一份满意的答卷，他也能在明年夏天为自己在天杭的生活画上一个圆满的句号。顺利送我们最后这一届毕业生走入理想的高中也是他现在最大的愿望，他希望我们在明年这个时候都能收获到自己的果实。

采访结束后，邱校长也不忘打趣道，看到我们几个都戴着眼镜，还是要好好保护眼睛，眼睛对我们的成长也是很重要的，我们现在也关注中小学生的视力问题，现在戴眼镜的同学越来越多了，还是希望大家能有良好的视力。

采访结束后，走出会议室，清风徐来，我神清气爽。仰头看到墙壁上"幸福地创造幸福"这行字，突然发现我对这方校园有了新的情愫。

劳动模范其实就在我们身边，他们用自己的实际行动和态度无时无刻不在影响着我们，学习中感受幸福，用行动幸福他人，从劳模的身上汲取精神上的力量，付诸行动实践，将劳动模范的精神传递给更多人，让他们的品质影响更多人，让越来越多的人感受到这份幸福！

四季常青向祖国，劳模工匠明大爱

——杭州采实教育集团学子专访祝慧良

祝慧良，上城区人大代表、上城区劳模。杭州四季青服装集团党委书记、总裁。杭州东方电子商务园投资发展有限公司董事长。

时代潮涌，创新促发展

1. 高标迥出，与时俱进

1989年10月，正值改革开放的春风拂过华夏大地，一个集团悄然诞生。从当年的默默无闻到如今已成为家喻户晓的中国服装第一街，这期间有多少的困难与艰辛，亦有多少次危急关头的决定与彷徨。

“刚开始的时候啊，四季青只是一个云集各方货物，五花八门的交易市场，但因为消防治安等工作并不好开展，形式和业态都不行，开了半个月就开不下去了”，祝慧良在创业的一开始就遇到了困难。

“我们去了义乌、温州等江浙地区考察，想找到出路，最终决定在温州落户，我们投资了54万。这在当时可不是一个小数啊！”当年放手一搏的他们，获得了时间的认可，敢拼敢干的实践精神也正是祝慧良等人成功的原因。“温州商户，都是敢拼的。他们说‘一年亏，二年平，三年赚’，没想到啊，这第一年就赚了，靠着这个我们养活了45个温州商户。”每当说起这段时间的经历，祝慧良的喜悦之情溢于言表，四季青度过了第一道坎，赶上了改革开放的潮流。

“但到了后来，我们的发展方式已经不再适合当下的局势了，竞争越来越激烈，公司规模大了，员工也多了，赚的钱就不够了。”“那个时候我们每年都希望我们的商户都有钱赚，希望我们能平平安安地走下去。”实现美好的愿念，真正要达成目标无疑需要加倍的努力和奋斗。永不放弃，永远拼搏的祝慧良以及四季青集团是否又一次经受住了考验？

“2009年，时任杭州市长决定在杭州东部开展商业园区，主要是做电商和软件开发，他想找我们合作，我们商量了好几天，最后想着要赌一把。”在祝先生的回忆中，这无疑是一件很愉快的事情。“事实证明，我们赌对了，我们和政府签了合同，做起了电商，也就是我们现在的东方电子商务园区。四季青也算是真正实现了转型升级，从四季青乡，到四季青镇，慢慢城市化了。”这是四季青遇到的又一道坎，他们有过挣扎、彷徨、不安，但最后还是抓住了机遇，实现了产业的升级。

2012年，四季青创造了13亿人口一人一件四季青服装的成就。2015年，四季青获得了首批“国家级电子商务示范园区”称号。“我们趁东风将不到12万平方米发展成45万平方米，129家商户，并与河北沧州合作上下游市场辅料服装。”他和四季青集团一直在努力，为了亚运会还专门在东城外国语实验学校开展了“迎亚运”会议，力争质量安全保障，充分体现了他的社会责任感。

那么四季青集团是如何脱颖而出的呢？

"做大众化时尚一直是我们的目标。我们的价格不应偏高端,要紧紧围绕大众!"成功路上少不了一个坚定的目标。

"城市化的快速推进是很重要的一个原因,当时江干区委、区政府和杭州市政府来找我商量,我们一拍即合,没有丝毫犹豫。"祝慧良毫不犹豫跟党走,他郑重地说自己的成就离不开党和政府的支持,正是因为当年的恰逢其时,才有了现在的四季青。"一个企业的发展离不开政府的支持。"这番话深切透露出祝慧良对党的尊敬与忠诚。

从加工厂到如今的四季青,虽然祝慧良以平静的心态看待自己的成功,甚至将自己的成功归功于天时地利人和。可大家都心知肚明,成功的背后,没有努力,没有付出,没有正确的决定,没有长远的眼光,是不可能实现的。正是因为有那段艰难的过去,才成就了此时闪闪发光、功名成就的他们。

正如祝慧良所做的,永远紧跟党的步伐,保持乐观积极的学习态度,面对困难,永不言败,永不气馁,怀揣着一颗善良的心对待这个世界。我们生逢其时,也重任在肩;我们应大胆尝试,不怕失败。

2. 精益求精,勇攀高峰

衣、食、住、行是人生活中的必需品。其中,服装作为大众潮流,是时代风貌的体现,其行业竞争十分激烈。在已成为历史的20世纪80年代,一位当时还寂寂无名的企业家抓住了时代的契机,走上了成功之路。

一路的风风雨雨,最终化为风轻云淡的笑脸。祝慧良能创业成功,不仅是恰逢其时,更离不开他的精益求精和经得起委屈的胸怀。

"人啊,最大的本事是要经得起委屈,这是我父亲教导我的,现在我教导你们。那一年,我还年轻,为了办当时很麻烦的证件,我的天都快塌下来了。"

就像每个行业中千千万万终日为生计忙碌的人们一样,祝慧良的天就算塌下来,也只能用自己并不宽厚的肩膀去尽力扛着。

"那时我也没有告诉我爸,因为他帮不上忙,只能焦虑,和我一样整夜整夜地睡不着觉。"祝慧良停顿了一下,眨了眨自己湿润的双眼,接着道,"那段日子，我焦虑啊，山一般的压力啊！好在我没有放弃，把事情捋清，一件一件做，一趟一趟跑，一遍一遍说，最多那次我一天跑了9趟派出所——终于办成了。”

话语间他的眼睛中闪烁着明亮的光，言语欣慰又坚定。“天不会塌下来，格局要大，事情一件一件做，不要怕。”

在这简短又质朴的话语中，是万千人相同的委屈。他的成功是困境中的坚持。

同时，祝慧良也具有社会责任感。

当谈及集团的目标时，做精做细与平民化是祝慧良一直强调的。在疫情的冲击下，中国的服装行业似乎陷入了前所未有的危机。祝慧良成为了“先行者”，担起了增加行业竞争力、激发行业活力的责任。

祝慧良不仅是优秀的企业家，还特别热心公益。在疫情期间，他帮助商户利用网络直播的方式销售，增加员工工资。他每年春节前会去慰问特困户，参与春风行动。“曾经有一户特困户，有一年突然和我说：‘你以后不用来看我了，我已经脱贫了。’我十分欣喜，了解到原来他的两个女儿都大学毕业开始工作了。”祝慧良希望帮助他人的心可以一直传递下去，他帮助过的人也可以帮助别人。为大众，为人民着想，有着坚定目标，这正是一个企业家应有的模样。

展望当下，时代仍然有许多契机，只不过少数人才能发现。那么，在我们谱写自己的创业史时，能将成功的火种传承下去吗？

风急浪高，改革铸辉煌

1. 终日乾乾，与时偕行

令我们印象最深刻的是四季青迎接新时代，拥抱互联网新模式，与时俱进，踏实迈进。

在被问及集团如何在众多的市场中脱颖时，祝慧良微笑着说：“我们是恰逢其时，在城市化快速发展进程中，四季青就是搭上了高速发展的列车。在电商的快速发展时期，我们也积极拥抱互联网，将批发做成在线化，并叠加了网红直播等更与时俱进的商业模式。当电商时代的潮水扑面而来，市场进行了转型升级，成立了东方电子商务园，共同拥抱市场的变化。经过几十年的艰苦铸剑与服装专业市场、网络科技等产业的成功积淀，现在已成功打造了'实体市场+电子商务'相融合的创新型商业模型，为市场商户们带来了数以亿计的增收，让越来越多经营户享受到新时代改革创新带来的红利，同时也为国家的税收增加收入，贡献税收达到5亿多。"言语间，祝慧良脸上满是欣慰与笃定。"四季青的服装畅销那么多年是因为它把时装平民化、时尚平民化，拿现在的话说就是'快时尚'。在互联网销售方式多变的今天，我们经过多种尝试寻找消费者最能接受的方式，重塑业态结构与生态圈，尝试着探索线上直播、线下购买、物流配送批零兼顾的'两条腿'走路模式，从而实现创新和发展。"

四季青服装集团积极拥抱时代变化，助推杭州九堡服装产业升级，由此开创了3.0专业市场——E7杭州时装中心。E7作为杭州九堡服装批发交易中心的时尚聚光"点"，通过一"线"的服务让品牌商家及合作伙伴满意，以"点"连"线"，构建全产业服装生态圈，共同打造一站式品牌服装标杆市场，让服装传递美学力量，让E7带动时尚产业的高效发展。

学生认真听祝慧良发言

"天时、地利、人和"，具备了独特的区位优势，拥有着创新的商业模式，最后的关键在于服装专业市场需要专业的运营团队来实现E7的商业价值，传统市场业态升级的关键在于运营模式与管理团队。E7杭州时装中心的运营管理彻底打破固有的传统思维模式，打造3.0市场运营模式，从市场管理型角色向综合服务赋能角色转变、从简易设档口向配套体验展示交易转变、从市场限制服装品牌发展向市场赋能服装品牌发展转变……植入新消费、新思维、新观念、新零售等全新的模式。

2. 把握机遇，厚积薄发

最早的四季青称为乡，只是个卖杂货的综合交易市场，1989年，四季青乘着改革开放的春风开始发芽成长。1996年，组建了集团，市场辐射全中国。2003年，淘宝网正式上场，传统线下零售模式开始被颠覆，凭借着低价、款式多、种类全的批发优势，大量小商家疯狂涌入四季青拿货。时代的车轮滚滚向前，行业变革的进程一刻不停。时任市长决定开展电子商务园区，祝慧良选择相信政府的指引，成功实现转型升级。

祝慧良回忆道，电商的快速发展，给传统线下服装行业带来不小的冲击。我们也积极拥抱互联网，将批发做成在线化，并增加了网红直播等更与时俱进的商业模式。30多年摸爬滚打，从无到有，朝朝暮暮，数不尽的心酸，脚踏实地，从1989年到现在红红火火的壮丽史诗，一路坎坎坷坷，数次转型，数次升级；从12万平方米到22万平方米，四季青服装市场成为中国服装第一街；从开始的45家商户，到现在2600家商户；从税收一千万到五个亿，四季青使江干成为第一区；从低小散到坐实“中国服装看杭州，杭州服装看江干”的高昂口号。四季青的辉煌是每个人靠几十年如一日的坚守换来的，是通过时尚平民化、相信政府和党、迎难而上的无畏得来的。

回首祝慧良30载，不禁令人感慨万千，其中既有创业的艰辛，也有成功的喜悦，更有与商户朋友们的携手同行。四季青已然成为华东最大的服装集散地，改变了中国服装行业的版图，也曾创造过全中国13亿人人均一件衣服来自四季青的骄傲。四季青每年让数以亿计的服装走进千家万户，天南地北。过去是历史，希望在未来。如今弹指一挥间，风风雨雨，我们从小到大，激情岁月，共同走过；成长诗篇，共同谱写；喜怒哀乐，共同分享，愿我们跨过雄关漫道，克服艰难险阻。

3. 雾霭终散，霁云终临

2020年，无疑是四季青集团发展史中最艰难的一年。庚子新春，钟声还未敲响，本该热闹的春节氛围被突如其来的新冠疫情无情打断，封锁和隔离成了2020上半年的常态。本该随春天到来迎来喧闹的中国服装第一街，却因为2020年3月5日杭州一例阳性病例而停止营业，只能日复一日地等待开业通知。疫情的阴霾笼罩了四季青。“那年我就想，这实在是太难了。”祝慧良感慨道。好在，在四季青集团的努力拼搏下，他们经受住了疫情大考，并书写了一段惊心动魄、创新发展的奋斗史！

疫情突现，保障安全。新冠疫情突如其来，防疫物资奇缺，四季青集团不但想方设法为自身员工提供口罩用品，还竭尽全力为集团旗下商户、员工免费发放大量的口罩、消毒液、额温枪等防疫物资，为所有人的安全筑起保障屏障。根据疫情防控工作的指示，四季青集团的工作人员设立检查站，做好每日的人员登记，测温、扫码、重点人员排查，履职尽责7个月之久，每一位四季青集团工作人员都不顾个人安危，带头站在疫情防控最前线，为广大商户和企业营造了安全、安心的工作环境，还为商户减免租金，为员工增长工资，与他们共渡难关。这一刻四季青是真正的命运共同体，有勇气同患难，更有信心共辉煌。

线上线下，联动发展。受疫情影响，四季青服装市场被迫停止营业。如何既做好疫情防控又能保证销量是摆在四季青服装集团面前的一大难题。直播仿佛已成为疫情下四季青服装市场自我解困的唯一方式。“时代在变，环境在变，人在变，事在变。如果我们不变，自己永远是最大的风险。”祝慧良若有所思地说。于是，四季青服装集团积极探索直播新经济红利，与商户携手抗“疫”。在强化传统实体优势的同时，四季青服装集团为商户积极探索“新采购、新零售”的全新发展路径，保障了商户的稳定经营，也为消费者带来了全新的消费模式，真正做到真心实意为商户、消费者服务。同时，四季青服装集团也积极响应区委、区政府纾困行动号召，积极参与市商务局发起的“云上纾困”活动，主动出谋划策，参与制定纾困政策，走访市场商户，搜集纾困需求，搭建临时直播场地，给予商家更多经营扶持与直播电商服务指导，为商家拓宽销售渠道，携手应对各类经营风险，缓解库存压力，当时的纾困行动中直播销售额超3000万元，服务商家120余家。“要在困难中抓住机遇，在发展中做到创新。”祝慧良坚定地说，“对我们集团而言，疫情是摆在当时的困难，直播是我们所抓住的机遇，线上线下共同联合发展并发起‘云上四季青’纾困行动是我们的创新。只有这样，才能有更好的发展。”

烛光微微，大爱无限。为缓解核酸检测工作的压力，四季青集团与街区保持良好沟通和对接，抽调集团工作人员补充核酸检测人员，长期派驻核酸检测点。又在东方电子商务园安排人员和场地，组织专业培训，为园区的从业人员提供免费的核酸检测服务，共累计检测20余万人次。2022年12月疫情管控放开，对抗原检测试剂的需求猛增，供需极其不平衡，东方电子商务园又通过园区平台和资源，集中采购，解决了园区企业的燃眉之急，得到了主管部门领导和园区企业的高度肯定。“你好我好才是大家好。”祝慧良并不觉得这是一件多么伟大的事情，他笑着说，“我希望更多人可以力所能及地帮助他人。”祝慧良带领着四季青集团，用他的爱心与温暖，驱散疫情之霾，为身边的人带来阳光与希望。

只有经历了浴火重生的历练，才有凤凰涅槃般的重生；祝先生相信只有战胜自己，才能创造专业批发市场的改革传奇。百年四季青，我们正年轻。这就是四季青火热而滚烫的事业，以祝慧良为首的四季青人奋不顾身，坚韧恒久，发光发热，默默坚守，越过疫情之凛冬，驱散疫情之雾霭，终于阳光普照，霁云降临，四季青集团又将带着勃勃的生机和希望，带着日渐复苏的信念和消费，重新上路！

永立潮头，匠心树标杆

1. 弄潮时代，匠心筑梦

如今是一个网络电商大数据时代，改革车轮滚滚向前，如何在变局中开新篇?他一直“不忘初心,牢记使命”,以“做大众的生意,为人民谋幸福”为宗旨,坚持做传统服饰,让集团发扬光大。“让客户满意,让老百姓满意,让政府满意,把时装平民化,做大众的生意”,这是祝慧良的创业根本。这才有了“中国服装看杭州,杭州服装看江干”的美誉。

祝慧良时常感慨,自己能带领四季青服装集团走到今天,得益于国家和当地政府的政策支持,得益于集团全体员工的全力以赴。在最困难的时候,是他们给了自己最大的动力,才能使集团不断突破极限、发展创新。祝先生反复提到,一个企业集团的进步与发展,既要依靠党和政府,也离不开“天时地利人和”。他还特别强调,在拥有实力和做足准备的前提下,机遇就会是成功的“助推剂”。除此之外,祝先生的街道走访活动也对企业的发展发挥了重要作用。因为他深入基层,了解社会,一定感悟了很多、收获了很多。

“当了书记、老总没什么了不起的!最重要的是得守住初心、守住本分。”这是祝慧良常常挂在嘴边的一句话。在他创业过程中,在追求经济效益的同时,时刻不忘记社会中的责任,主动承担社会责任。就算事情再多,压力再大,他也一件一件解决,先易后难,不可以因此而降低效率和质量。最重要的其实是不能焦虑,要经受得住委屈。这是祝慧良在工作和创业中总结而来的,也是他对自己儿子的教诲,其中不乏为人处世的深刻启迪。

祝慧良的日常生活也是无比充实的。尽管工作忙碌,但他仍坚持学习,阅读贯穿了他生活中的每一天。他认为见多才能识广,而这也正是他对无数青少年的期望:珍惜当下的每一天,享受当下的幸福生活;好好学习,报效祖国,主动承担一份社会责任;抓住身边的每一次机遇,勇往直前。

不忘“初心”,独具“匠心”,满怀“信心”的工匠精神,在祝慧良身上体现得淋漓尽致。这种精神将激励一代又一代人崇尚劳动、勇于创新、甘于奉献、主动担责,在实现中国梦的奋斗征程中争做“大国工匠”。

2. 因势而变,红船领航

万丈高楼平地起,一路走来,四季青集团的经历可谓一波三折。集团的成功转型离不开政府的大力支持和付出，因此，祝慧良先生对于党和政府一直怀有深深的感激。对党无限的尊敬与忠诚也是如今四季青成功的一大原因。

在创业过程中，祝慧良先生也曾遭遇挫折。2015年，面对种种转型探索上的失败，四季青服装集团面临“推倒重来”的危机。就在四季青集团左右为难时，日益火爆的网红直播给了他们新的启示，集团决定学习这一新兴的营销方式，这期间政府给予了不少帮助。在政府的指导下，集团顺利转型，再次引领旗下公司勇立潮头，抓住风口。祝慧良时常提到，自己能带领集团走到今天，离不开国家、政府的支持。“很幸运我相信党，相信政府，正因当年我听取了党和政府的建议，四季青才能有今天的一番成就。所以一定要相信党啊！一定要相信政府！”

在上级党委政府的正确领导下，在建设社会主义现代化国家新征程中，四季青立足本职岗位，坚持发扬“不忘初心、牢记使命；谦虚谨慎、艰苦奋斗；敢于斗争、善于斗争”精神，踔厉奋发，勇毅前行，不断推动行业高质量发展，更好地传承和发展四季青文化，更好地服务社会、服务民生、服务商户，在守正创新中跑出老字号发展的加速度，以实际行动为实现第二个百年奋斗目标、全面推进中华民族伟大复兴贡献自身的一份力量，以此回报政府多年来的无私扶助。

3. 心怀大爱，反哺社会

祝慧良对待人民怀有大爱，这是成功人士身上十分宝贵的精神。祝慧良常常在嘴边挂这样一句话：我们不做高奢，只做所有人都买得起的服装，我们的目标就是时尚平民化，做大众的服装。祝慧良除事业上展现大爱以外，在平时他也时常走访社区、慰问民众、帮扶贫困。祝慧良也帮助了许多困难户：“他们真的太苦了，飞来横祸让他们的家庭变得支离破碎。”祝慧良曾经也帮助过一个残疾人家庭，每逢春节期间，他都会亲自去拜访慰问。“他们家里还有两个孩子，生活真是不容易啊，真的不容易……”祝慧良心里五味杂陈，于是每年向他们发出额外的生活补贴。通过祝慧良的帮扶，那个家庭脱离苦海，两个孩子也去往上海读书和工作，整个家庭都被祝慧良给“救活”了。“你好我好才是大家好”，他希望更多的人能力所能及地帮助需要帮助的人，让这份爱传递下去。

这便是大爱。

无所畏·有所为

——杭州市天杭实验学校学子专访祝华军

祝华军，浙江杭钻机械制造股份有限公司总工程师、上城工匠。他主持并参与研发市级重大科技创新专项KJYF96/12矿用可移动式救生舱，获得实用新型专利1项，发明专利2项；独立完成巡检机器人研发，在G20峰会期间应用于治安管理；主持并参与研发城市垃圾智慧管理系统，取得了软件著作权3份，实用新型专利1份，项目成功落地，成为杭州市样板工程，杭州市“城市大脑”对接项目，被评为全国政府管理创新案例。

谈到“奋斗”，我们青少年总会豪情顿生，极目远方，似乎只有轰轰烈烈地干一场地覆天翻、足以震惊世人的大事业才算不枉青春，不愧拼搏，可是万丈高楼平地起，对青少年而言，平凡踏实的劳动更显青春风采。

"苔花如米小，也学牡丹开"，每个人都可以脱颖而出，即使身如苔花，也可绽放芳华。这是一个呼唤劳动创造、鼓励拼搏进取的时代，也是一个有机会干事创业，并能干成事业的时代。让我们大力弘扬劳模精神、劳动精神、工匠精神，进一步激发见贤思齐的正能量，在平凡的岗位中焕发劳动奋进的风采。

在丰收的十月里，杭州市天杭实验学校的学生代表与浙江杭钻机械制造股份有限公司总工程师祝华军老师进行了一次难忘的对谈。

劳动精神展风采，苔花也学牡丹开

劳动展现风采，创新攻坚克难。"艰难方显勇毅，磨砺始得玉成。"越是伟大的事业，越充满艰难险阻，越需要艰苦奋斗，越需要开拓创新。

奋斗不息，创新不止，是浙江杭钻机械制造股份有限公司总工程师祝华军的人生注脚。主持并参与研发市级重大科技创新专项KJYF96/12矿用可移动式救生舱，获得实用新型专利1项，发明专利2项；独立完成巡检机器人研发，在G20峰会期间应用于治安管理；主持并参与研发城市垃圾智慧管理

祝华军介绍

系统，取得了软件著作权3份，实用新型专利1份，项目成功落地，成为杭州市样板工程；杭州市“城市大脑”对接项目，被评为全国政府管理创新案例。

祝华军认为，广大劳动者要永葆奋斗本色，把握时代潮流，撸起袖子加油干；要密切关注行业、产业前沿知识和技术进展，增强创新意识，培养创新思维，展示锐意创新的勇气，敢为人先的锐气，蓬勃向上的朝气，努力做知识型、技能型、创新型的劳动者。

榜样蕴藏无穷力量，精神激发奋斗意志。让我们平凡的生命在平凡的岗位上，以最踏实艰辛的劳动，绽放出堪与“牡丹”争辉独属于“苔花”的光彩。我们青年一代，必当于平凡劳动中坚守岗位，展现出新时代劳动人民昂扬向上的精神风貌！

1. 勤学苦练，做笃行不怠的“奋进者”

在了解到祝老师的工作情况后，我们都认为，潜心科研、夙兴夜寐是他的工作日常。某重点项目大部分关键节点都集中在同一时段，为确保节点高质量完成，祝华军当先锋、打头阵、挑重担，将工作细化到天、压实到人，始终与团队并肩作战、执着前行。

成绩的取得从来就不是一蹴而就的，科研项目的进展也并非一帆风顺的。参加工作以来，祝老师不断加强学习，提高工作能力，积极承担并保质保量完成各项工作任务，在技术、业务方面取得了长足的进步，积累了丰富的理论及实践经验。G20峰会期间，巡检机器项目前期推进过程中问题频出，作为项目负责人，祝华军加班加点制定解决方案，针对巡检机器技术细节提升问题开展了大量的实验研究工作。在此期间，他还经常往返于北京、上海、广州等地参与项目推进会，积极寻求解决问题的办法。

艰难困苦，玉汝于成。祝华军就是在一次次的失败、一次次的坚持中挺了过来，最终解决了“卡脖子”难题，经过先后4次攻关，成功推进巡检机器项目。主动攻坚克难，向纵深发展，争做高质量的科研，实现高水平科技自立自强！

2. 善于协调，做不辞劳苦的“勤务员”

“知定位、明职责、勇担当、善作为、干成事、不出事、好共事”，祝华军把这21个字记在了他笔记本的首页并铭刻于心。他带领着科研团队“以身心而事成”的决心和意志，积极创新工作和思维模式，努力解决工作中各项技术难题，在科技创新最前线，用实际行动诠释着“创新”与“奉献”。

执着的科研梦想、开放的技术交流、不断开拓的学术视野，已然使祝老师得到同行和同事的认可，但祝老师却不断地在给自己加压，“当今的社会环境下，科研正在不断向前发展，我还要在工作中不断学习新知识了解新领域，争取做出更好的成绩。”

科学事物，必须不断研究，认真实验，深入扩展，通过韧性的战斗，才能获取光辉的成就。

“祝老师经常告诉我们科研工作没有‘差不多’‘应该行’这样的模糊词，踏实严谨的工作习惯是最基本的要求。在开展对外交流合作的时候，祝老师还经常把学到的新经验带回单位跟我们分享、探讨，对于解决实际问题很有帮助。”研发部的青年技术员说道。

在高质量完成创新项目研究工作的同时，祝华军还担负创新人才的培养工作，以“老带新”“结师徒对子”等方式，不遗余力地传授专业知识和经验，引导青年技术人员探讨工作思路，提升解决技术问题的能力，培养了一批专业知识水平过硬、独当一面、严谨高效的创新人才，推动结构合理的高素质技术型人才后备梯队。

作为新时代的科技工作者，祝老师具有开拓和创新精神，以及强烈的事业心和敬业精神，在工作中忘我发奋，敢于承担重任，敢于“啃硬骨头”，始终用自己的实际行动诠释着新时代的劳模精神和工匠精神。如今的他，正带领他的团队站在研究前沿，致力于传承和弘扬杭钻特有的技术优势，向着崭新的未来再出发。

3. 严格把关，做科研质量的“监督员”

为了翻越科研“高山”，一直以来，祝华军带领企业员工和核心科研人员以创新和智造为基础，以大力开展技术研发为主线。他们一如既往地追随这个目标，不停优化技术、不断改进工艺路线，吸收和应用先进的智能理念，从产品经济性、稳定性、实用性打造机械领域的知名品牌，并逐步实现将公司品牌推向国际，实现科技自立自强的目标。

这样的创新基础，更激发着我们青年一代发挥科技力量的热情。在寻访过程中，祝华军老师表示，面向未来，他将和团队更加主动作为，“敢干敢闯”，加速将科技力量转化为生产力，把手中的技术优势转化为推动产业发展的助力。杭钻机械将继续加快发展技术及产业应用，推动实体经济与数字经济深度融合的产融商数字经济新业态，助力企业实现生产经营全流程多维监管，稳岗扩岗保民生。

虽然这些词汇在我们青少年听来高深莫测，但在祝老师的讲解下，我们深切地体会到，携手更多合作伙伴，深入更多产业领域，拓展物联网技术的应用场景，确实是当下他所投身的科研领域工作的重中之重。

百年征程波澜壮阔，百年初心历久弥坚。在中华民族伟大复兴的征程上，一代又一代科学家不畏艰难、无私奉献，为科学技术进步、人民生活改善、中华民族发展做出重大贡献，谱写了一曲从科技救国、立国到科技兴国、强国的壮美时代之歌。在他们当中，有那么一群人，在战争年代目睹祖国山河破碎、生民涂炭，怀着科学救国的理想抱负远渡重洋学习西方先进科学技术。他们响应党的号召和祖国的呼唤，放弃了优越的生活条件，冲破重重阻挠，义无反顾回到祖国怀抱，用一腔热血“干惊天动地事、做隐姓埋名人”……

研磨工匠精神，提笔开创未来

肩负时代使命，奋斗铸就未来。心怀“国之大者”，答好时代答卷，在全社会弘扬劳动最光荣、劳动最崇高、劳动最伟大、劳动最美丽的良好风尚，为广大劳动群众创业奋斗提供“海阔凭鱼跃，天高任鸟飞”的广阔舞台，让广大劳动群众更好地建功立业，用汗水创造美好生活，不断书写无愧于伟大时代的新篇章。

“工匠者，乃精雕细琢之人，一颗细腻心，两只勤劳手。”有人说，“没有一流的心性，就没有一流的技术”。的确，倘若没有发自肺腑、专心如一的热爱，怎有废寝忘食、尽心竭力的付出；没有励志笃行，止于至善的追求，怎有超尘拔俗、巧夺天工的卓越；没有冰心一片、物我两忘的境界，怎有雷打不动、脚踏实地的专注。祝华军在自己的岗位上，做到了干一行、爱一行，钻一行、精一行，一步一个脚印，在环保设备、钻探机械等的开发中勇当科技攻关排头兵。

在与祝老师的交谈中，我了解到他与我们一样，在参与研发市级重大科技创新项目时也会有紧张的心情，但是更多的是信心与自信，最终得到了满意的成就。在祝老师不计其数的成就中，我最敬佩的是他在G20峰会前，独自完成了巡检机器人的研发，并在G20峰会期间成功应用于治安管理。祝老师告诉我们，在他独自研发的过程中，也遇到了许多困难。例如，要保证巡检机器人的视野区域范围较大、视野无死角；传回影像清晰；便于控制，具有一定的敏捷性等许多需要达到的要求。虽然项目给祝老师的时间不多，需求也一个都不能落下，但祝老师还是顶着巨大的压力完成了任务。祝老师在研发的过程中想必也会遇到问题与困难，那他又是如何解决的呢？祝老师告诉我们，我们还有数不胜数的知识需要学习，知识是学不完的，在学习生活中总会遇到自己不会的事。在遇到问题时要敢于提问请教，积极学习新知识，在实践的过程中不断学习，时刻不忘提升自身的能力，这样无论多么复杂、困难的问题就都迎刃而解了。

我们学校一直注重同学们的科技学习，也为此举行了大大小小的比赛。但有些同学却觉得科技离我们很遥远，会产生畏难心理。为此祝老师为青少年延续劳模精神提出了一些建议。开发潜力，要从自己感兴趣的区域模块下手；要有决心，有恒心，有毅力，不轻言放弃；还要懂得虚心请教，热爱学习，积极学习；勇于创新，敢于创新，争创一流。劳模工匠精神是青少年学习的重心，许多同学未来也希望能成为劳模工匠，祝老师也给予了现在青少年很高的期许。祝老师希望青少年能树立正确的价值观，有坚定不移的信念；对待自己、对待生活要有进取心，为自己的成长与改变做好充分的准备；对待任何事情都要求精、尚美；尤其在学习生活中懂得合作，互相帮助，一同前进。

很多人认为工匠是一种机械重复的工作者，其实，“工匠”意味着把有价值的事坚持做下去，尤其是把每一个细节都做好，其中的酸甜苦辣，只有用心做一件事的人才能体会。我们要有自己的梦想、目标以及榜样，不断地向着他们前进、靠近。在追求梦想的道路上，一定有不可胜数的困难袭来，但是无论什么困难都无法阻挡我们提升自己。在现实生活中，我们要细致入微，不能有半点马虎。工匠精神的价值在于精益求精，对匠心、精品的坚持和追求，专业、专注、一丝不苟且孜孜不倦。不断努力，不断进步，做好自己，为实现梦想贡献自己的青春和力量。这就是工匠精神，也是追求极致的精神。其利虽微，却长久造福于世。

祝华军接受学生采访

林达阳曾说:“时间或许像灯光,日照褪尽了才能看见,彼此靠近但是没有关联,一盏熄灭了,另一盏刚好亮了。”

身边许许多多的人与我们青少年看似无关,然则关系匪浅。此次我们采访的祝华军老师,就因工匠精神,用一根根丝线把我们互相串联起来。

我们与祝华军老师相谈甚欢,让我印象最深刻的则是祝华军老师为青少年延续劳模精神提出的一些建议。祝老师首先提出,当代青少年应善于学习。他认为有内驱力和善于思考是很重要的条件。拥有了内驱力,我们才能拥有进取心,以及积极向上的姿态。善于思考则可以帮助我们解决难题,在学业的道路上精益求精。同时,祝老师也觉得平时积累知识储备异常重要,我们需要利用好身边的一切工具和资源,多动手多动脑,掌握先易后难的学习方法。

祝老师还提出了当一个人遇到难题的时候,可以尝试团队合作。在G20峰会期间他与他的团队完成了巡检机器人的研发,当然过程中也遭遇了很多困难。但是祝老师通过良好的团队合作和永不放弃的精神完美完成了这次重大项目。

在接到研发市级重大科技项目时,他能与被委以重任的同事共情。虽然在我们的了解中,祝老师是一个博学多才的人,但是他也曾因为没有经验,没有前人的指导,而感觉没有自信。他说这是十分正常的,并宽慰同学们不用担心,船到桥头自然直。他认为最主要的还是自己的知识积累和平时的科技知识储备量。在我们自己内心做好万全的准备之后,所有的难题都可迎刃而解。

祝老师对我们提出了一些要求,他希望我们拥有良好的责任感,拥有积极的进取心,并且在以后的工作中做到精益求精。这同时也是对所有青少年的要求。他同时也希望我们爱国爱家,家是最小国,国是千万家。他期许我们怀着一颗感恩热烈的心去投身我们未来的学业和工作。

与此同时,他觉得自律也是非常重要的一件事。每一个未来都是对过去的检验,每一个现在都将成为不可逆转的过去。他要求我们从当下的每一件小事做起。

未来是属于我们青少年的，祝老师说他已经成为过去式了。我们的理想与热情，终将成为我们远航的帆以及炽热的灵魂。

我们很荣幸可以和祝老师面对面的交流，祝老师的经历与成就让我们心生敬佩，真切地感受到他身上爱岗敬业、甘于奉献的工匠精神。这次访谈也让我受益匪浅，让我们明白坚持坚守，敬业精业，专心专注于一件事，终将会成功。我们在面对美好前景时要敢大胆地去憧憬，我们也要按捺住内心的焦躁、忧郁、惶恐；我们要用一种执着、精益求精的工匠精神积极地面对学习，将学习中的任务当作工艺品去雕琢。希望在不久的将来，我也可以成为像祝老师这样爱岗敬业，艰苦奋斗、永不言弃的新时代青少年。

无所畏·有所为

我们身边总有这样一群人，他们爱岗敬业、争创一流，艰苦奋斗、勇于创新，他们精益求精、一丝不苟、追求卓越。

我们怀着敬畏之心来到祝老师工作的地方。祝老师早已等候在门口，他衣着朴素，语调低沉又和蔼，让人倍感亲切。进入会议室，我们的采访正式开始了。

张泓乐同学率先问了第一个问题：人们时常在被委以重任时倍感紧张，不自信。祝老师您曾主持并参与了研发市级重大科技项目。当时您接到任务时是什么心情呢?祝老师思考了一会儿，笑了笑回答："当然是和你们一样紧张，同时还感到能胜任此项目的荣幸、兴奋。不过，我也会焦虑，担心我会不会做不好之类的情况。但是我们从问题的根本出发，是什么让我们不自信?其实是源于前期的积累、学习的不足，没有充分的准备，这些导致了我们不自信的表现；同时还有身上肩负的责任，压力也会导致我们紧张。"

紧接着又有同学提出了第二个问题："有些同学在参加科技比赛时觉得科技对于我们来说是一件很遥远的事情，从而产生畏难心理。您对此有什么建议吗?”

他说:“就拿我女儿来说吧,我一直负责她的科学教育,从小我就给她灌输‘生活中处处是科学’的理念。就好比是一支笔,看起来再平常不过,但是每一处都有科学的原理,所以科学无处不在,我们要对科学保持敬畏和好奇。”

针对青少年的畏难情绪问题,祝老师坦言:“其实什么芯片、助推器看起来都十分得复杂,但是它们都是由一个一个小零件组成的,我们不要想着一步登天,而是要量化和分解每一个细节。我们需要做的就是一步一个脚印,走好脚下的每一步,勇敢去面对。”祝老师的回答让我醍醐灌顶,生活中看似难如登天的问题不就是这样解决的吗?我们只要勇敢迈出第一步,然后走好每一步,那问题就能迎刃而解。

在这次采访前,我们了解到祝老师完成了巡检机器人的研发,于是有人问祝老师,在完成机器人研发的过程中,想必会遇到一些困难,他又是怎么解决的?祝老师告诉我们,他和他的团队在第一代机器人的研发过程中确实遇到了不少问题,比如无法远程录像巡检。所以他们在第一代试验的时候记录下这些问题,回去后他们仔细探讨琢磨。然后再做第二代时,他们会考虑到这些不足之处,所以第一代机器人的问题在第二代机器人身上有所改善了。他们如果遇到困难就一定会去直面它,直到找到解决的方法才肯罢休。听到这里,我真的十分敬佩祝老师,我们作为党的接班人,不就应该像祝老师这样无所畏,有所为吗!

祝老师也对我们青少年提出了殷切的期望。他说,我们第一需要对学习充满兴趣,对科学充满好奇。爱好是至关重要的,也就是所谓的学习内驱力。第二,就是需要及时发现自己的问题和不足,要对自己有一个较为清晰的认知。第三,既然我们找到问题了,那么就要及时解决问题。发现自我存在的问题并解决它能使我们更好地提升自我。第四,就是要多动手,有想法就去行动,不能只是纸上谈兵、画大饼,很多东西都得实践,也就是所谓的实践出真知。作为青少年的我们应该多去实验和探讨。我们要站在前人的肩膀上去思考。我们身处的时代是创新的时代，前人已经为我们奠定了很多基础，我们应该在此基础上组拼、创新。最后，也是最重要的一点就是要学会团队合作。一个项目的成功，少不了与他人之间的互帮互助，所以我们应该在自我能力提升的基础上提高自己的团队合作能力。工匠精神最重要的一点便是“求精”，即自我进化。这往往是最难的一步，但却是工匠精神中必不可缺的一点，我们在接近完美的情况下还要追求更加完美，也就是精益求精。

最后，我们询问了祝老师对我们现在青少年有什么期许。他说期许主要分为两大点。第一大点是关于学习方面的。首先身为青少年的我们要对学习充满兴趣，这很重要；其次便是不畏难，不退缩的心态，要夯实好自己的基础，一步一个脚印，慢慢来；再次是不断地学习，增加知识储备，这能为今后提供更多的帮助；最后便是创新能力，他希望我们能在今后为国做出贡献，做好党的接班人。第二大点是在生活价值观方面的。我们要清楚自己身上肩负的责任使命，先不说为国贡献，起码要依法办事，树立法治意识；同时，我们还要心怀感恩、敬畏，对师长、父母要感恩，对伟人、英雄要敬畏；长大之后赡养父母，报效国家。

寻访在这里就落下帷幕。这一次寻访让我受益匪浅，在这一次采访中，我知道了什么叫工匠精神；知道了作为接班人的我们身上肩负的责任；还知道了面对困难时我们应该如何做，做什么。我想，身为接班人的我们以后也要成为一个和祝华军老师一样的人，崇尚科学，敢于探索，勇攀高峰，为国家为社会做出贡献。

研磨工匠精神，提笔开创未来。祖国的未来，有传承延续工匠精神的你我。无数个时代交锋的潜行者，无数个慢慢没落的失意者，又有无数个熊熊燃烧的奉献者。我们将会是抵御千百回巨浪的盾牌，是激昂的弓箭，是传承精神、砥砺前行的无名之辈。从千千万万个我们的身影中，窥见时代新华章。

望长鲸吞吐，望蛟龙入海，望鹏鸟高飞，我们勇立潮头，我们传承不断，我们精神不息！

一片匠心，绣一片花开

——杭州市建兰中学学子专访金家虹

金家虹，1969年生，杭州映山静水刺绣有限公司创作总监、中国工艺美术大师、首届中国刺绣艺术大师、非遗杭州刺绣省级非遗代表性传承人、中国艺术研究院访问学者、正高级工艺美术师、杭州工匠、市五一劳动奖章获得者。

从艺30多年来，金家虹一直坚持对杭绣传统针法进行挖掘和整理，她的作品创作延续了杭绣闺阁刺绣风格，同时充分吸收其他艺术样式之长。比如她将绘画的不同表现技法转换成刺绣针法，进行创造性呈现，并成功研制刺绣“一根金”盘钉技法，风格隽永清新。她创作的作品《良渚神人兽面纹》《吉祥中国龙》《莲花藏界》被多家博物馆展出或收藏。近几年来她多次应邀出访德国、法国、捷克、俄罗斯等国，作为文化使者，传授和展示精美的杭州刺绣艺术。

走进她的工作室，我们深切感受到的是，处于市井之间却不失优雅与肃穆的匠人气质。屋外车水马龙，风云交替，而屋内平静温馨。一幅幅作品陈列整齐，有大幅的刺绣画，也有绣在团扇上的装饰；有中式传统的杭绣，也有西式写实的油画风；有平面的画作，也有立体的佛塔。不同主题的作品，或大或小，无不体现着金老师在作品里的良苦用心：千手观音给人一种平静祥和的美感；盘银绣《静观众妙》用黑色底料和银色的线条勾勒出的佛像，烘托出佛像的庄严，既保留了中国传统的佛像轮廓，又创新了构图方式，显得简洁清新但不失层次感；刺绣中的雄狮以犀利的眼神望着前方，金黄色的鬃毛上流淌着精致的光泽，浑身散发着神圣不可侵犯的威严之气，如同一头真正的雄狮站立于眼前……

金家虹老师的作品融合了西方艺术特点，但大多以中国传统纹样为主，有佛像、山水、蝴蝶、花朵等，每一幅作品都传承了中国传统的针法、寓意，将她对中国非遗文化的心得体会寓于杭绣之中。

学生参观金家虹作品

探杭绣之世界，观针线之传承

小屋闲窗秋意来，桂香扑鼻沁心扉。我们走入江南实验学校，顺着楼梯来到六楼，一间古色古香的工作室出现在我们眼前。与来路不同的是，这里的一切都笼罩在祥和的氛围下：温柔诗意的灯光，照映在生机盎然的绿植上，照亮了一幅幅刺绣作品。静静叠放着的丝线、微微泛黄的书页、阳光下微光闪动的银针，都有一种古朴恬静的美感。同学们驻足欣赏一幅幅精美别致的刺绣作品，惊讶于一针一线的细腻灵动。听到我们的脚步声，金老师从绷架前起身，她身穿宋服，面露平和的微笑与我们打招呼，透露着历史文化的沉淀感与真诚，这让我们都放松了下来。

与丝线相处20余年，金老师以毅力与对传统刺绣的热爱坚守着杭绣的事业，丝毫不倦怠地创作，坚持教导年轻人刺绣技艺。在耐心与细致中坚守，在热爱与坚持中传承，无愧于工匠的称号。“世界再吵杂，匠心的内心，绝对必须是安静安定的。”金老师十年如一日地在杭绣传统针法上钻研挖掘，于一针一线中传承工匠精神。

我们搬了凳子围桌坐下，开始了对杭绣世界与金老师人生之路的探索采访。

1. 突破自我，稳健前行

金家虹老师在学校学习刺绣时，还学习了绘画、书法、摄影等很多艺术门类，但是一开始金老师会挑人家的画来刺绣，不完全是自己设计稿子，那时的她对自己的设计缺乏信心，认为自己还不能用刺绣很好地表达。直到2009年，在金老师毕业后的第十年，她参加了文化部组织的传统工艺研修班，其中的毕业创作需要完全原创的作品，这对金老师来说是没有接触过的事情。

就是从那个时候开始，金老师克服困难，突破自我，从很稚嫩的创作开始，慢慢体会到绣自己画的作品的乐趣，这就诞生了金家虹老师的第一幅完

金家虹(绘:杭州弯湾托管中心一位爱画卡通人物的"猪猪女孩"——子怡)

全原创的作品《恋恋青花》。"每次看到这件作品,我就觉得有一种创作的灵感,给你鼓励和自信。"《恋恋青花》对于金老师来说是一个灵感源泉。虽然这件作品本身并不是一件非常完美的作品,但它给予了金老师启发和灵感。

2. 初心如磐,奋楫笃行

金老师的刺绣道路始于家庭的影响。金老师说,小时候衣服破了,都是妈妈或者外婆在衣服上绣一朵花,虽然不是复杂精致的图案,但都比较实用。到后来,金老师进入了杭州市工艺美术学校,开始专业地学习刺绣和刺绣设计,逐渐感受到刺绣的乐趣所在。在不断的学习中,她真正爱上了刺绣。但在刺绣道路上,难免有挫折,金老师觉得,最重要的是保持本心,不断前行。

《恋恋青花》的创作对金老师来说是刺绣道路上的里程碑,但她也因此受到了很多的质疑非议,很多专家看惯了传统刺绣,便评价这副刺绣作品中的留白是金老师通过减少作品上的刺绣量来投机取巧,不能完全体现刺绣的美，甚至是离经叛道，完全背离了传统杭绣之美。这让金老师一度迷茫，深陷对自己创作风格的怀疑。一次偶然的机会，金老师参加了冯骥才先生举办的非遗进校园活动，这是她第一次参加这样的活动，布展时，冯骥才先生一眼看中了金老师的作品，并腾出一面长长的墙来挂她的作品。他告诉金老师，传承有家族式的，父母做什么，你也做什么，也有整个村庄的集体传承。但对于金老师这种他接触较少的传承类型，冯骥才先生也有自己的看法，他认为金老师是经过院校学习打好底子，再带着自己的审美拜师学艺，她所传承的杭绣别具个人风格。金老师经过冯骥才先生的鼓励，坚定了自己的刺绣审美，按照自己的方式绣下去，绣自己心里想要的东西，保持个性，在一针一线中表达自己。坚守对刺绣的热爱与初心，不动摇不移志，不断进行大胆的尝试，逐渐形成自己的创作风格。

3. 维持热爱，传承有新

信息碎片化在金老师眼中并不是对传统技艺的忽视，相反地，她认为信息碎片化反而会促进传统技艺的传承，能让这种技艺传播得更广更快。很多来到工作室学习刺绣的人，一开始并不了解刺绣这项技艺，他们当中的一些人因为电视剧里面用杭绣绣出的衣服很漂亮，便想来找金老师学习这项技艺，但担心自己是否学得会。也有人说自己从来没有拿过针，担心手很笨，可能学不会这项技艺。金老师认为这出于对学习杭绣这件事的不了解，经过工作室里的学习，很多人慢慢地爱上刺绣了，从了解到热爱，一直到十几年的坚持学习，这在金老师的工作室中是很常见的现象。碎片化学习可以培养对传统手艺的兴趣，经过一段时间的学习后才能明确自己的热爱，确立后半生的学习方式。来到工作室学习的还有一些周一到周五上班，星期六来学一天的人，对他们来说，这既是学习也是放松。

但金老师觉得这些推广工作还不够，最重要的是要让更多的人知道杭绣，了解杭绣。金老师介绍说，杭绣其实很简单，它只是一种用针线表达绘画的方式，具有了杭州本土的纹样特点，也就造就了杭绣。刺绣这门艺术，最初是从实用品发展而来的，就像所有的艺术一样，来源于生活，取自生活。

以热爱绣一生热忱，以坚持绣大国情怀

“我觉得我对杭绣是一种热爱，我们说刺绣是一种技艺，但是刺绣背后，它还有一个文化背景，会让你去关注到更多的东西。”绣一朵花开，绘一朵浮云，勾一座青山，金老师在近40年的杭绣道路上，锲而不舍，沉浸在杭绣技艺中，所以不感到道路艰苦，时间漫长。“我喜欢这样东西，那我就一辈子做这件东西。”在金老师身上，我们体会到了她的坚持和热爱，感受到了她秉承的“落子无悔”的心态。正是她不动摇、不移志、不停步，心无旁骛地守住质朴之心，一步一个脚印发扬传统文化与创造精神，才创造出那么多美好的杭绣作品，才传承了无与伦比的杭绣文化。

学生感悟

1. 厚积薄发（杭州市建兰中学　杨语淇）

何为匠心？我想，山因脊而雄，屋因深而固。“心心在一艺，其艺必工；心心在一职，其职必举。”针线之中，布匹之间，金家虹女士秉持“择一事终一生”的坚定信念，厚积薄发地刻苦钻研，“偏毫厘不敢安”的精益求精，在平凡生活中寻求突破，在平凡岗位上发挥不平凡的光和热。“我对刺绣的热爱让我坚持到现在，我可以用我的努力发扬宣传传统文化，这是我很自豪的地方。”金家虹女士看着自己亲手绣出来的作品，抚摸线条的纹路，由衷地感叹。针线之本心，恪守之坚定，跨越之创新，在科技高速发展的时代，金女士对传统的坚持与创新显得弥足珍贵。

“感谢《恋恋青花》这件作品给予我的灵感。”从临摹跨越到创作的路上，成功与坎坷之间，总有惊喜到来，为后续的道路添砖加瓦。从学校毕业十年后，金家虹女士参加文化部组织的研修班，有机会开始自主创作。尽管一开始手艺稚嫩，但是她在其中体会到乐趣，追寻到热爱。《恋恋青花》便是当时

创作出来的作品，这是从临摹到创作创新的转折。她说，每次看到这件作品，就会产生灵感、得到自信与鼓励，其中，不仅是传统文化的渲染，更有当下的思考与创造。这件作品或许并不完美，但它对金女士个人而言有极高的意义与价值，是刺绣路上的灵感源泉。

细密排布的针线之中，我渐渐领悟："匠心"是集传统与创新于一体。"青出于蓝而胜于蓝，冰水为之而寒于水。"传统为创新之根，创新为传统之翼，二者相辅相成，构建起新时代的匠心精神。一味地墨守成规，只会让文化发展停滞不前，甚至被取代，而一味地创新发展，又会使之空洞。工匠们用传统手艺，表达新时代下人民的呼喊、传递人民对幸福美好生活的向往，才使得"人才蔚起，国运方兴"。

"我希望有更多人可以了解杭绣，传承刺绣文化，让传统文化得到更多的重视。"匠心精神铸国魂，续写时代篇章。在信息碎片化的时代，忙碌于工作、学习的人们只能利用碎片化的时间接触刺绣文化，了解刺绣，加入刺绣。金女士说，有很多年轻人在周六周日去工作室学习，他们把刺绣看作休息时的情趣，在享受中学习传统文化。然而，在科技高速发展的时代，传统文化容易被忽视，还有很大一部分人因为"不知道"而"不了解"，这是当下可叹而可悲的现状。

参观工作室时，我惊奇地发现有很多稚嫩的作品被裱起来、挂在墙壁上，作品下的名字也歪歪扭扭的，这一定来自一群可爱的孩子们。他们或许是在老师的引导又或许是家中的推荐下，接触了刺绣文化，在实践中更领悟了匠心精神。他们中或许就有刺绣文化的传承人，未来能像金家虹女士一样用自身影响力让工匠精神、追求卓越精益求精的信念、创新精神传承给再下一代。

"匠心"并不意味着一开始就做到完美，而是一步一个脚印踏踏实实地积累沉淀，坚持不懈，厚积薄发，丰富内心世界，再将其体现于作品中。"不积跬步，无以至千里。"于南宋盛行的杭绣文化也在冥冥中告诉人们只有拥有"台上一分钟，台下十年功"一样的执着与积累，才能创作出卓越的作品。

2. 恪守不渝(杭州市建兰中学　陆欣妍、董烨文)

金老师的刺绣生涯已有39个年头,明年就即将跨入第40年,在这中间,少不了的是金老师自己对刺绣的一腔热爱和不懈坚持,将非遗文化代代相传,我们也因她的创新以及突破自我的精神感到钦佩。这也许就是“中国匠人”最美好的样子。

在微弱的光芒下,一针一线像是泛着微光,吸引着我们的眼球,无论是中国传统的纹样,还是现在的流行图案,无论是花草动物,还是建筑家具,在此刻都好像被赋予了生命,透过他们仿佛能看到刺绣者垂眸认真的样子,一样样事物由指尖缔造出来,会是有多么地满足与自豪。采访时,金老师谈及刺绣与她的作品,眼眸里的光芒无法遮掩,这便是热爱吧,唯有热爱,才能拥有深厚的情感;唯有热爱,才能在这艰辛的路上,一步一个脚印,走下去;也唯有热爱,才会有如此闪闪放光,被赋予生命活力的成品被创造。

刺绣是一种记忆,承载着古往今来人们的生活情感,虽然现在会刺绣的人并不多,但金老师告诉我们,这在古代是一项极其常见的技术,现在传承的难点在于许多人不了解这个技术。作为青少年,我们要承担起宣传和传承的重担,让更多的人了解刺绣,将这项汇集着古人百年智慧与工匠精神的技艺发扬光大。

“大国工匠”是一个沉重而光辉的词,在这其中,有千万工匠的默默奉献和锲而不舍,点点星光汇聚成银河,散发出璀璨的光辉,当我们凝望星空,或许能看到他们用针线绣出的五彩世界,用砖瓦筑起的高楼,用精巧的技艺变废为宝。敬业精业、至善至美、无私无我的工匠精神体现在他们细致工作的身影中;崇尚劳动、热爱劳动、诚实劳动的劳动精神流淌在他们日常的行为中;爱岗敬业、争创一流、淡泊名利的劳模精神映射在他们日复一日的坚守中。

3. 坚持不懈(杭州市建兰中学　邹瑾轩)

金老师认为现代信息的碎片化并不是传承刺绣的难点,难点在于很多人不够了解刺绣,没有太多时间了解刺绣。碎片化学习刺绣是目前最好的学习方式，既能感受它的乐趣，也能精通技艺。金老师认为“大国工匠”最重要的就是锲而不舍的精神，我们需要弘扬这种精神，才能把每一件事都做好。

是啊，刺绣艺术所传达的文化内涵，不仅在于它繁盛多变的题材所象征的文化寓意，更多的是刺绣作为一门手工艺术的文化传承。在中国浩大的文化世界里，它似藤蔓般吸取每个朝代的文化风俗精髓，以自身艺术力量滋养中国古代百姓，装饰他们的日常生活，再从纷繁起伏的生活风尚中找到养分来滋养自己。随着时代的变迁，刺绣工艺也不断更新迭代。虽然刺绣手艺得到不断改进，工具不断进步，但是永恒不变的是人们追求完美艺术创作的精神，以及用刺绣来表达的对美好愿景的无限期待。

杭绣是中华民族上下五千年的智慧的结晶，也是当今的非物质文化遗产，其中蕴含的人民智慧与百姓的生活密不可分，紧紧联系在一起。希望这项非物质文化遗产能够永远传承下去，并让更多的人了解刺绣。

4. 满腔热忱（杭州市建兰中学　廖桢涵）

“一方绣架，撑开江南千年丝绸；十指春分，绣出湖上几分春意。”在杭州，有一项传承了两千年的工艺——杭绣。而在教师节这一意义非凡且充满着感恩之情的日子里，我们走进了杭绣传承人金家虹老师的刺绣坊，通过采访，了解她充满着热爱与坚持的刺绣人生。

“是什么精神使你走到今天?”问题一抛出，金老师的坚定回答就让我们体会到了大国工匠的情怀。“我觉得是一种热爱。”在金老师眼里，当你热爱了某项技艺之后就会去放弃很多其他的东西来为它服务，并会不断地进行练习。当你在关注刺绣时，你会关注的不光是刺绣这一技艺，还会关注到背后的文化背景等很多东西。而这一切的基础，就是热爱。

金老师在刺绣这条道路上已经坚持了39年之久，明年就将进入第40个年头，她饱含着对刺绣的一腔热爱和热忱，以及对杭绣这一非遗文化传承的炽热的心，在这条道路上发光发亮。金老师认为，“工匠”所要具备的，就是坚持不懈的精神。而她自己，已成为了人们眼中的“大国工匠”的模范。她利用碎片化的时间，去教导年轻人刺绣技艺，在耐心与细致中坚守，在热爱与坚

金家虹和学生合照

持中传承,这就是杭州工匠——金家虹老师!

在这次具有社会意义的采访中,我们探寻了金家虹老师的刺绣之路,在她的热爱和坚守中了解到了杭绣这一非遗文化,更是在金老师手中的一针一线中体悟到刺绣之美!

后 记

本书是上城区数所中学师生分别采访数位劳模工匠后，倾注智慧与汗水编纂而成的。书籍旨在弘扬劳模精神，传承工匠品质，让更多人了解默默奉献、精益求精的劳模工匠们背后的故事。书中不仅记录了劳模工匠的感人故事，也凝聚了师生们的学习心得。

采访过程中，我们深刻认识到教育不仅在于知识传授，更关乎品格塑造。学生们通过本书的采访编纂，体悟了劳模工匠的“唯专唯精、匠人匠心”，进一步感受了劳动的崇高与伟大，有助于他们学习和弘扬劳模工匠精神，树立正确的人生观和价值观。

在此，感谢建兰中学饶美红书记、杭州中学杨昕珠书记、惠兴中学王超书记、采实教育集团叶建群书记、采实教育集团澎诚中学夏明校长、采实教育集团澎扬中学吕阳俊校长、采荷中学邱锋书记、天杭实验学校曹翔书记等的率队采访与参与，为本书的编纂增色添彩。

同时，衷心感谢杭州市总工会、杭州市劳模工匠协会、上城区总工会、上城区教育局等单位的大力支持，各单位的支持与帮助使本书得以顺利出版。此外，还要感谢来自杭州弯湾托管中心的子怡特别为本书创作精美插画。

我们期望，这本书能成为青年学生的明灯，激发他们学习的热情与动力，在不断追求卓越中实现自我价值。

本书虽已告一段落，但劳模工匠的故事还在我们身边不断上演。我们将与上城区总工会一道，不断探索、丰富内容形式，将劳模精神、劳动精神、工匠精神融入“劳模工匠进校园”系列活动，持续讲好劳模工匠故事，发挥各行各业劳模工匠的示范引领作用，为新质生产力的发展注入新动能，进一步在全社会营造尊重劳动、劳动光荣的良好社会风尚。

杭州市上城区劳模工匠协会

2024年5月